西部電廠

月亮灣電廠

媽灣電廠雄姿

山西杏花村汾酒

酒都賓館

優雅的環境

公司董事長高玉文與科技人員研究產品質

山西杏花村汾酒廠股份有限公司是于 1993 年 12 月 22 日在原西杏花村汾酒廠的基礎上改制并通過社會募集而創立的產權明晰、責明確、政企分開、管理科學的股份有限公司。公司股票于 1994 年月 6 日在上海證券交易所挂牌上市。公司目前是以生產、銷售國家酒汾酒、竹葉青酒、玫瑰汾酒、白玉汾酒等飲料酒為主的輕工企業；公生產釀造工藝獨特，集 1500 余年的悠久傳統和原汾酒廠建廠四十五經營業績精華于一身，主導產品汾酒為我國清香型白酒的典型代表公司除向消費者提供傳統國家名牌產品外，根據市場的變化研制出共 84 個花色的系列低度飲品，已逐步推向市場。目前公司具有飲料生產能力 2 萬余噸，員工 3600 余人，總資產 11.5 億元，注冊資 37640 萬元，總占地面積 130 萬平方米，建築面積 30 萬平方米。股總額 37640 萬股，其中國有法人股 29840 萬股，社會法人股 2800 萬股社會公衆股 5000 萬股。公司下設 6 個分廠，20 個職能部門，具有雄的生產能力，新技術開發能力，市場競爭與開拓能力，資產增值保值

薇股份有限公司

童遥指杏花村

公司生産的竹葉青酒

。1995年公司主營業務收入32799.46萬元,税后利潤4668.49萬
,每股淨資産1.73元。

公司位于山西省境内吕梁山東麓,晋中盆地西沿的汾陽杏花村,緊
307國道,距省城太原90公里。交通暢達,民風淳樸,地表物資豐
,地下資源豐富,空氣清新,水質清純甘冽,地理環境得天獨厚。歷史
杏花村一直以善釀美酒聞名于世。唐朝大詩人杜牧曾慕名而來,留
一首:

清明時節雨紛紛,路上行人欲斷魂,
借問酒家何處有?牧童遥指杏花村。

董事長:高玉文　**總經理:**郭雙威
地址:山西省汾陽縣杏花村
電話:(0358)7220255　7220472
傳真:7220392　7227163
郵編:032205

公司生産的汾酒

公司辦公樓外景

山東淄溥金海集團股份有限公司

高級經濟師、山東省第七、八屆人大代表、山東省優秀農民企業家、淄博市勞動模範公司董事長、總經理、黨委書記：盛俊潤

山東淄博金海集團股份有限公司組建于1993年10月23日，是經山東省體改委批準創立的，也是淄博市首家股票發行結束后直接在淄博證券自動報價系統挂牌交易的試點企業。公司現有職工3000多人，中级以上技術人員150人，企業占地面積45萬平方米，建築面積15萬平方米，現總股本5318.0515萬股，總資産1.2億元人民幣。集團公司下設星辰、華美、華源、德迅、萬里香食品五大分公司，是一個集建材、建陶、房地産、機械、磨料磨具、電器、商貿、食品等多産業并存的綜合性企業集團。1995年公司實現銷售收入1.687億元人民幣，實現税后利潤1347.6萬元人民幣，三年來公司向股東分紅送股累計800萬元人民幣，平均每股0.80元。公司連續九年保持了省級文明單位的榮譽稱號，1994年跨入"山東省鄉鎮企業綜合經濟實力百强"行列；95年在"中國建材行業最大規模鄉鎮企業百强"中列第33位，并躋身于"中國最大經營規模鄉鎮企業1000家"和"中國最高利税總額鄉鎮企業1000家"之列。1996年已被國家批準爲國家級企業集團。

公司主要産品有内外牆釉面磚、園林陶瓷、軸承鋼球、碳素鋼球、耐火材料、砂布、燈具、飲料等。拳頭産品"華美"牌釉面磚先后榮獲"中華國産精品金獎"、"中華企業形象優秀獎"、"中國國際家用精品金獎"、"省優質名牌"稱號等。公司生産的釉面磚、園林陶瓷、鋼球等産品暢銷全國并出口美國、日本、科威特、加拿大等國家。此外，公司投資5000萬元人民幣與意大利合資興建"淄博金泉建陶有限公司"，生産大規格高檔地板磚系列。現已進入設備安裝階段，計劃年底投産。

地址：山東淄博張店區南定鎮后南定村
電話：(0533)2980651　2981531
傳真：(0533)2980650　郵編：255064

下屬企業淄博德迅磨料磨具公司產品

下屬企業淄博華美建築陶瓷有限公司球磨機

山西焦化股份有限公司

董事長兼總經理：薛佩珍

出焦場景

山西焦化股份有限公司是一個以煤爲原料，通過機械煉焦，利用焦爐煤氣副産20余種化工產品的煤炭綜合加工企業，現有年産60萬噸焦炭、3萬噸焦油加工、8000噸粗苯加工、8600噸硫酸銨等四套主要生産裝置。公司是全國現場管理先進企業、全國環境保護先進企業、全國化工清潔文明工廠樣板廠和山西省管理示範企業。公司從選煤、堆煤、取煤、配煤、煉焦、制成、計量、包裝、倉儲、發運等環節都進行嚴格的分析、化驗和質量監控。公司冶金焦銷售實行"互保"協議，即公司保證每月按質按量供貨，客户保證每月付清當月貨款。

公司發展焦化工業的有利條件：臨汾煤炭資源豐富，能保證原料供應；公司附近水利資源豐富；交通便利。目前，公司正致力于建設年産90萬噸焦炭的焦爐易地改造工程。

冶金焦產品

地址：山西省洪洞廣勝寺鎮
電話：(0357)6625220
郵編：031603

年産60萬噸冶金焦的大型現代化焦爐

山東淄博鳳陽

沙發廠廠貌

山東淄博鳳陽股份有限公司是1993年8日由淄博沙發廠改組的，注冊資本4391.21萬元，其中集體股2391.21萬元，社會法人股380萬元，個人股1620萬元，公司總資產2.6億元，淨資產1.4億元，每股淨資產3.24元。

公司現為中國家具協會軟床墊專業委員會主任單位，國家二級企業，全國輕工優秀企業，國家大型企業。公司占地面積13.4萬平方米，建築面積9000平方米，擁有各種進口運輸車60輛，年產各式沙發、家具20萬件，床墊30萬件。自90年起，經濟效益、銷售收入各項指標綜合考核多次榮獲全國第一名，產品注冊商標"鳳陽牌"獲山東省著名商標稱號，近年來，先后投資4000多萬元，引進了具有國際現代化水平的袋裝式全自動獨立彈簧制造機、4300E電腦絎縫機、全自動包邊機等156臺設備，采用國際

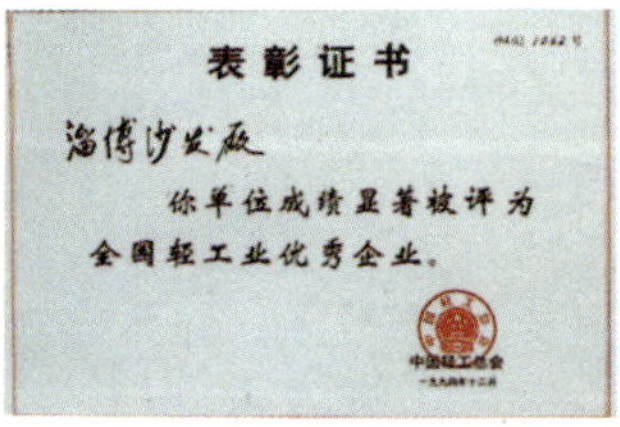
表彰证书

淄博沙发厂

你单位成绩显著被评为全国轻工业优秀企业。

1萬平方米的鳳陽家俱城

進口全自動布袋式彈簧制造機

股份有限公司

先進技術、進口鋼絲、進口真皮，推出了具有國際領先水平、國內獨創的雙層、千眼、特厚、磁療、兩用床墊系列，真皮、水洗布系列沙發300多個品種，鳳陽床墊沙發先后榮獲全國質量檢測第一名，國優、部優、省優稱號。目前公司又相繼在淄博市中心建設了26層3.6萬平方米的鳳陽大廈、5000多平方米鳳陽展銷樓、1000平方米的鳳陽家俱城、濟南鳳陽展銷大樓等宏偉建築。

董事長、總經理：寇祖山
地址：山東淄博周村區鳳陽路75號
電話：(0533)6182436　6182519
傳真：(0533)6182520　**郵編：**255300

展銷大廳前60輛日野進口車整裝待發送貨

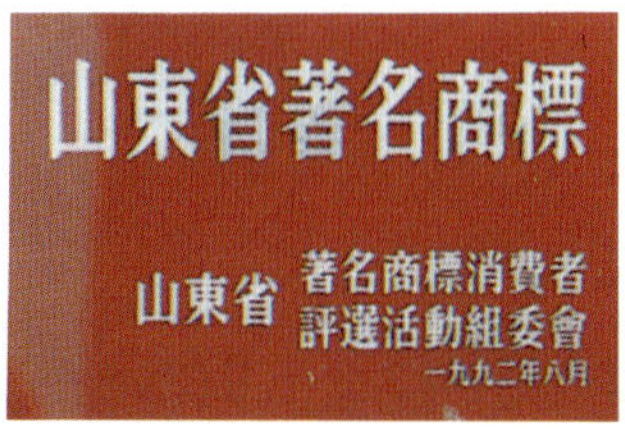

進口美國4300E絎縫機

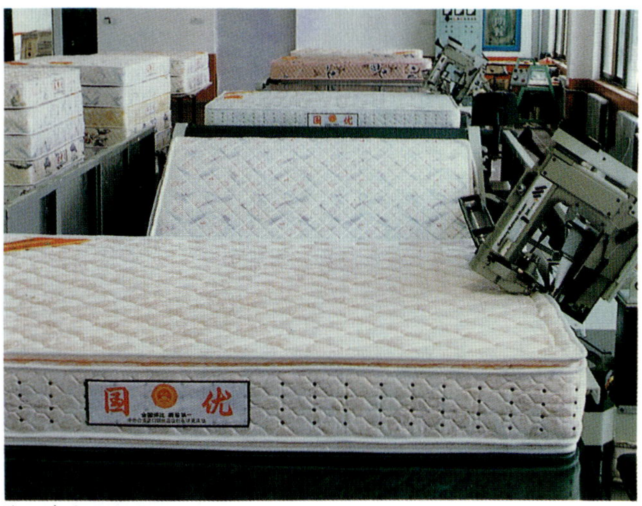

進口全自動包邊機

洛陽玻璃股份有限公司

黨委書記、董事長：郭曉寰

公司總經理：王永欣

1991 年郵電部發行洛玻特種郵票一枚

公司産品

洛陽玻璃股份有限公司是同時在國内外發行股票并上市的中外合資公司，資産總額 22.41 億元，現有員工 6000 余人。公司由中國洛陽浮法玻璃集團公司于 1994 年 3 月獨家發起創立。1994 年成爲中國建材行業及河南省首家在境外發行 H 股并上市的公司；1995 年公司 A 股在上海證券交易所發行并上市。目前，公司總股本 7 億股，社會公衆股 3 億股，公司于 1996 年 2 月 28 日經對外貿易經濟合作部批準爲中外合資企業。洛陽浮法玻璃工藝獲國家金質發明獎。1995 年被定爲國家 50 家特大型企業之一。

公司是中國浮法平板玻璃的最大生産廠家，擁有 6 條浮法玻璃生産綫及相關的輔助設施，能同時生産厚度 2mm 至 15mm、最大尺寸 3000mm－6000mm 的無色、茶色、寶石藍色、翡翠緑、牡丹緑、海洋蘭等多種色彩和規格的浮法玻璃以及鋼化玻璃、汽車檔風玻璃。浮法玻璃質量已達到和接近國際先進水平，先后榮獲國家浮法玻璃質量獎－銀質獎(最高獎)、92 年國優精品博覽會金獎、94 第五届亞太地區國際貿易博覽會金獎。在國内建立了 30 個銷售中心，同時在津巴布韋、澳大利亞、柬埔寨、越南設置了海外銷售機構，使公司産品暢銷歐美、東南亞等 40 多個國家地區。

洛陽玻璃股份有限公司在董事長、黨委書記郭曉寰等領導班子領導下創造出卓著的經營業績。1994 年，公司實現銷售收入 9.442 億元，税后利潤 2.597 億元，獲建材行業經濟效益十佳企業稱號及全國五一勞動獎狀，并榮獲中組部全國先進基層黨組織稱號及全國思想政治工作優秀企業殊榮。董事長郭曉寰先后榮獲中國 94 企業家管理成就獎、全國勞動模範，并被國際統計學會年會授予經營管理大師稱號。

地址：中國河南省洛陽唐宫中路 9 號
電話：0379－3908588
傳真：0379－3938894　郵編：471009

中國證券業年鑑

1996

〔中文版·總第四期·上〕

中國證券業年鑒編輯委員會
山西杏花村汾酒廠股份有限公司協辦

声　明

《中国证券业年鉴》(1996・中文版・总第四期)版权属中国证券业年鉴编辑委员会所有。

广东证券律师事务所
律师：谢瑞生　冯作清

图书在版编目(CIP)数据

中国证券业年鉴　1996/中国证券业年鉴编辑委员会编。
—北京：新华出版社，1996.11
ISBN　7—5011—3183—X

Ⅰ.中…　Ⅱ.中…　Ⅲ.证券交易—中国—1996—年鉴　Ⅳ.F832.5—54

中国版本图书馆 CIP 数据核字(96)第 22002 号

中國證券業年鑒
1996
(中文版・总第四期)
中国证券业年鉴编辑委员会编
※
新华出版社出版发行
新华书店经销
中国证券业年鉴激光照排中心植字
海南中证广告有限公司设计制作
天时印刷(深圳)有限公司承印
※
开本:850×1168mm　1/16　印张:38　插页:400　字数:2400 千字
1996 年 10 月第一版　1996 年 10 月第一次印刷
ISBN　7—5011—3183—X/Z・391
广告许可证:海南中证广告有限公司注册号 1—855
总定价:人民币 280 元　美元 80 元

编 辑 说 明

《中国证券业年鉴》是一部综合的史料性年刊，创刊于1993年，每年出版一次，从1995年起，同时出版中文版和英文版，国内外公开发行。《年鉴》主要反映上一年中国证券、期货、批发、基金、产权市场及企业制度建设和发展方面的情况和最新动态，供海内外有关机关、社团、学校、研究部门、企事业单位及社会各界人士进一步了解和研究参考使用，为推动中国证券业的规范化和国际化、建设有中国特色的社会主义市场经济服务。

《中国证券业年鉴》(1996・中文版・总第四期)共分20编，重点反映1995年全国的金融证券市场发展情况，系统介绍证券经营管理机构、社会中介机构的职能及股份制企业的业绩。全书内容设置图片新闻、专论、证券市场、期货市场、批发市场、基金市场、产权市场、证券管理与交易机构、中介机构、证券经营机构、上市股份公司、非上市股份公司、证券业新闻出版、理论研究、科技教育、社会团体、市场统计资料、大事记、政策与法规、企事业单位选介等部分。另有彩色和黑白插页图片1260幅。

《中国证券业年鉴》按部类分编，采用编、章、节、目、段五个层次的结构形式，不同层次的标题在字体、字号和版式设计方面都有明显的区别。其中全书出现最多的“目”一级标题统一用黑体字加【 】表示，内容较多的“目”的文内则用楷体表示“段”一级的标题。在编辑过程中尽可能将内容条目化。

《中国证券业年鉴》(1996・中文版)基本上保持了上一期的内容和体例的连续性，新增了基金经理机构、证券业人物、证券基本概念和理论等方面的情况以及香港、台湾证券业动态情况。《年鉴》中的理论研究和政策法规部分收录和反映了截止1996年6月底最新动态和内容，并增加了证券业理论研究内容的份量。《年鉴》的资料直接来源于公司的公告或报告、国务院及有关省市部门提供的材料，保证了《年鉴》的权威性和准确性，但由于中国证券业和企业股份制改革仍处于试点阶段和发展初期，《年鉴》在内容、数据、标准等方面与客观要求都有一定差距，加上各地区的发展不平衡以及我们的水平有限，难免出现一些疏漏，敬请读者谅解和指正。

《中国证券业年鉴》由新华出版社、中国证券报社、海南开发促进会、海南证券投资培训中心等单位联合主办，并由中国证券业年鉴编辑部编辑。在编辑出版过程中得到了证券界有关领导、专家以及北京、上海、天津、广东、福建、海南、湖北、四川、山东、辽宁、湖南、山西、深圳、武汉等省市的有关部门的指导和支持，在此我们表示最诚挚的感谢。

中国证券业年鉴编辑部

中国证券业年鉴编辑部联系地址

北京：北京市宣武门西大街57号新华通讯社7号楼103室

联系人：胡柳华　邮编：100803

海南：海口市海府大道59号省政府办公大楼14楼1401室

联系人：耶白堤　邮编：570204

上海：上海市平凉路716号实益大厦5楼511室

联系人：曹文桥　邮编：200082

深圳：深圳市东门北路翠竹苑2幢C地座

联系人：张　涛　邮编：518003

目 录

第四编　中国批发市场

第五编　中国基金市场

第六编　中国产权市场

第七编　证券管理与交易机构

第八编　中介机构

第九编　上市股份公司

第十编　非上市股份公司

第十一编 证券业理论研究

第十二编　证券经营机构

第十三编 证券业新闻出版

第十四编 证券业科技教育

第十五编 证券业社会团体

第十六编　证券业人物

第十七编　证券业大事记

第十八编　市场统计资料

第十九编　政策与法规

第二十编　中国企事业单位选介

插页目录

工商股份制企业

■ 工商企业

中介机构

■ 会计审计事务机构

■ **律师事务机构**

■ **资产评估机构**

财务信托投资公司

证券交易机构

登记公司

期货经营机构

经济管理机构

综合类机构

●圖片新聞

中國期貨市場在規範中發展，逐步形成有中國特色的期貨事業。圖爲中共中央總書記、國家主席江澤民視察中國鄭州商品交易所時題詞。

近幾年，中國不斷加强基礎設施建設，改善了投資環境，促進了經濟持續、快速、健康發展。圖爲中共中央政治局常委、國務院總理李鵬視察深圳能源投資股份有限公司媽灣電廠建設工地。

廣東省積極推進企業股份制改造工作，探索建立現代企業制度。圖爲中共中央政治局常委、國務院副總理朱镕基考察大中型國有企業改革情況。

中共中央政治局委員、國務院副總理李嵐清視察鄭州百文股份有限公司。

京都會計師事務

浩華國

具有從事證券業務資格的專業服務機構

京都會計師事務所職員合影

京都會計師事務所，是依法成立、具有法人資格、并取得從事證券業務資格的獨立承辦注册會計師業務的專業服務機構，同時也是浩華國際會計公司在中國的成員所。

京都會計師事務所擁有一批具備財務、税務、金融工程技術、電腦軟件等方面專業知識和經驗的專業人士現有從業人員一百余人，其中，注册會計師占 70%；具高級技術職稱的人員占 50%。

所
際

JINGDU CERTIFIED PUBLIC ACCOUNTANTS

（中國·北京） HORWATH (BEIJING)

浩華國際會計公司在中國的成員所

京都會計師事務所總經理：于連國先生

浩華國際會計公司行政總裁：沃納·盧德先生

京都會計師事務所本着"以質量求信譽，以信譽求發展"的服務宗旨，恪守中華人民共和國法律、法規和制度，堅持獨立、客觀、公正、實事求事和保密的原則，提供優質、高效的服務。

地址：北京市海澱區車公莊西路32號中咨大廈四層

電話：(010)68415511－2412/2417　(010)68475951

傳真：(010)68475945

郵編：100044

湖南海利化工股份有限公司

董事長：範滌塵　全國勞動模範、全國科技實業家

湖南省證監會主任黃湘平(左三)、公司董事長範滌塵(左四)、副董事長黃國强(左五)與化工部副部長林殷才(左二)、上交所總經理楊祥海(左一)在公司股票上市后座談。

湖南海利化工股份有限公司是以湖南化工研究院爲主發起組建的湖南省内首家集科工貿于一體的高科技股份制公司，是湘股在滬市的第一家上市公司，由全國勞動模範、享受政府特殊津貼的全國科技實業家範滌塵高級工程師擔任公司董事長兼總經理。

"湖南海利"堅持科技爲本的發展戰略，主要開發生産高技術的新農藥和精細化工産品，已成爲長沙國家高新技術産業開發區的骨干企業，公司主導産品氨基甲酸酯類農藥和超高效除草劑等均達到國際先進水平。産品高新技術含量達90%以上，産品市場占有率高，全國農藥優秀新産品克百威占國内市場的60%，國家級新産品殘殺威占國内市場的100%。"湖南海利"充分發揮"高、新、優"的産業特色，市場前景良好，經濟效益顯著，1995年被評爲"全國高新技術百强企業"。

跨入上市公司行列的"湖南海利"，决心加快資本運作，加强資本經營，形成規模效益。以市場爲導向、科技爲基礎、産業爲支柱、效益爲中心，創造優良業績，回報廣大投資者。

李鐵映爲公司題詞

地址：湖南省長沙市芙蓉中路
電話：(0731)5516947　5533493
傳真：(0731)5540475
郵編：410007

公司高新産品開發生産基地一角

淄博華光陶瓷(集團)股份有限公司

公司董事長、總經理:蘇同强

一個開放的充滿生機和活力的綜合性、國際性的大型企業集團。

多年來,華光陶瓷集團的決策者以高瞻遠矚的戰略眼光和脚踏實地的創業精神,使公司發展成爲擁有5000名員工、18個子公司、1個技工學校、總資産3.2億元、年出口創匯2800萬美元的立體化、多元化、科工貿爲一體的集團公司。淄博華光陶瓷(集團)股份公司是全國日用陶瓷行業第一家經國家體改委確認的社會募集公司。華光陶瓷集團開發生産的色釉咖啡杯,餐、茶具,啤酒具、手繪彩陶等"華光"牌系列顔色釉精炻器産品是山東省名牌,有600多個造型,108種釉面顔色,具有清新典雅、超凡脱俗之韵律。公司年出口量超過8000萬件,暢銷美國、澳大利亞、德國和香港等20多個國家和地區。頻獲國家優秀新産品獎的工業瓷、藝術瓷、園林陶瓷等産品,亦是獨樹一幟,成爲國際、國内的搶手貨。

華光陶瓷集團的決策者們奉行多角經營戰略,一個集陶瓷、造紙、紙箱、包裝、彩印、運輸、標準原料、化工等爲一體的多元産業群已經崛起。

董事長兼總經理蘇同强恭候海内外朋友光臨指導,願我們真誠合作,攜手共進。

華光紙業公司生産流水綫

地址:山東省淄博市張店區湖田鎮湖光路6號
電話:2014346　**傳真:**2011511
郵編:255076

産品展室

享譽美國、暢銷不衰的系列顔色釉咖啡杯

BEIJING

北京會計師事務所

客户至上　信譽第一

獨立　公正

眞實　保密

總經理與股份制業務部干部在研究工作

總經理:方　濱

股份制業務部電話　65227609

地址:北京建國門外大街22號賽特廣場五層

郵編:100004

傳真:65227521

法人代表 總經理 方濱

中層部門經理在匯報工作

北京會計師事務所是 1981 年經北京市人民政府批準成立的北京第一家從事社會審計和會計咨詢、會計服務業務的中介機構,也是首批獲得中華人民共和國財政部、中國證券監督管理委員會批準,具有從事證券業務和資産評估資格的會計師事務所,還是經國家對外貿易經濟合作部、中國注册會計師協會、北京市人民政府批準有資格同國際會計師行組建合作會計師事務所的單位。

北京會計師事務所設有股份制業務部、國際業務一、二、三、四部、國內業務部、資産評估部、經濟技術咨詢部、技術標準部、電腦部和培訓部。擁有一批財政、税務、會計、金融、貿易、經濟管理和工程技術等方面專業知識的專家。從業人員 130 余人中有注册會計師 105 人,其中具有證券執業資格的注册會計師 16 人,接受委托的業務有:股份有限公司股票發行上市業績審計、年度會計報表審計,三資企業和國內企業的財務會計報表審計,會計咨詢、税務代理等。目前北京市以及部分外省市已上市的公司中如北京市天龍股份有限公司、北京市天橋百貨股份有限公司、北人印刷機械股份有限公司、北京旅行車股份有限公司、北京城鄉貿易中心股份有限公司、內蒙宏峰實業股份有限公司、天津市海運股份有限公司、杭州大自然實業股份有限公司等的財務報表審計業務均委托我所,由股份制業務部承接。

羊城

法人代表、總經理、中國注冊會計師協會理事：陳雄溢

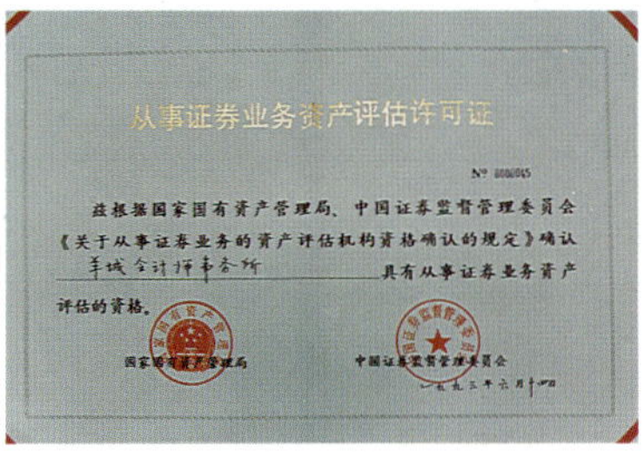

从事证券业务资产评估许可证

№ 000065

兹根据国家国有资产管理局、中国证券监督管理委员会《关于从事证券业务的资产评估机构资格确认的规定》确认 羊城会计师事务所 具有从事证券业务资产评估的资格。

国家国有资产管理局　　中国证券监督管理委员会

一九九三年六月十四日

事務所取得證券業務資產評估許可證

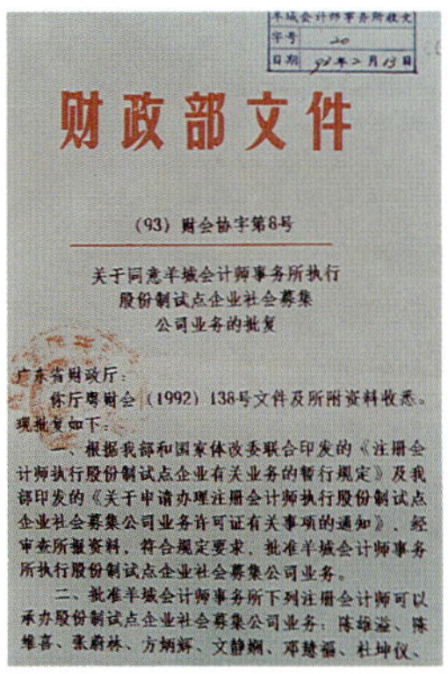

羊城会计师事务所收文
字号 20
日期 93年2月13日

财政部文件

(93) 财会协字第8号

关于同意羊城会计师事务所执行股份制试点企业社会募集公司业务的批复

广东省财政厅：

你厅粤财会 (1992) 138号文件及所附资料收悉。现批复如下：

一、根据我部和国家体改委联合印发的《注册会计师执行股份制试点企业有关业务的暂行规定》及我部印发的《关于申请办理注册会计师执行股份制试点企业社会募集公司业务许可证有关事项的通知》，经审查所报资料，符合规定要求，批准羊城会计师事务所执行股份制试点企业社会募集公司业务。

二、批准羊城会计师事务所下列注册会计师可以承办股份制试点企业社会募集公司业务：陈雄溢、陈维喜、张蔚林、方炳辉、文静娴、邓楚福、杜坤仪、

事務所取得證券業務審計資格

羊城會計師事務所成立于1984年4月，經中國證監會、財政部、國家國有資產管理局批準，1993年2月和6月，分別獲證券業務審計和證券業務資產評估雙重資格。1993年度以來，經我所審計和資產評估的上市公司有：廣州白雲山制藥、廣州浪奇實業、廣州珠江實業開發、廣州市東方賓館、廣州恒運熱電（上述公司發行A股）、廣州廣船國際（發行A股、H股）、深圳南山熱電（發行A股、B股）、廣東美的集團、廣州鋼鐵、廣東省高速公路等股份有限公司。還參與了以香港駿威投資有限公司名義在香港上市的廣州汽車集團的審計工作。并與珠海會計師事務所合作，對珠海華豐食品股份有限公司進行上市前審計，還為爭取上市的廣州敬修堂藥業、廣州南方大廈、廣州友誼、廣東茂名石化實華、廣東佛陶、廣州東華實業等股份有限公司的帳務進行審計。

建所十二年來，事務所與國內外同行及廣大客戶建立了良好合作關系，還與廣東國際大酒店、花園酒店、中國大酒店、廣州珠江電廠、廣州珠江水泥廠、廣州寶潔有限公司、廣州摩托集團、廣州電梯工業公司、太平洋馬口鐵有限公司、順德興順烤鰻有限公司、法國巴黎銀行廣州分行、德國德意志銀行廣州分行、香港恒生銀行廣州分行、南洋商業銀行廣州分行等600多個客戶建立了良好的合作關系。1995年度，事務所被廣州市企業評價協會評為廣州地區會計師事務所二十強第一名。

地址：廣州市大德路187號9樓

電話：(020)83187133　83331225轉205

傳真：(020)83338016

郵編：510120

廣州珠江實業開發股份有限公司

廣州廣船國際股份有限公司

茂名石化實華股份有限公司

廣州市浪奇實業股份有限公司

深圳南山熱電股份有限公

會計師事務所

事務所服務的上市和未上市公司客戶：

廣東省高速公路發展股份有限公司

廣東美的集團股份有限公司

廣州天心藥業股份有限公司

香港駿威投資有限公司

江澤民總書記視察南華西實業股份有限公司

廣州世界大觀股份有限公司

廣州市南方大廈集團股份有限公司

廣州電力發展股份有限公司

廣州市東方賓館股份有限公司

廣州羊城藥業股份有限公司

廣州東華實業股份有限公司

廣州鋼鐵股份有限公司

廣東佛陶集團股份有限公司

廣州恒運熱電股份有限公司

廣州白雲山企業集團公司

廣州敬修堂藥業股份有限公司

廣東電力發

地址:廣州市梅花路75號21樓　傳真:(020)87767888轉22114
電話:(020)87767888轉22113、22108　郵編:510600

廣東電力發展股份有限公司是廣東省目前大型的上市公司之一,于1992年11月成立,為廣東省電力集團公司控股的唯一上市公司。公司的5個發起人股東為廣東省電力集團、中國建設銀行廣東省信托投資公司、廣東省電力開發公司、廣東國際信托投資公司和廣東發展銀行。

1993年11月26日廣東電力發展股份有限公司向社會公開發行人民幣普通股(每股面值壹元)4400萬股(A股)在深圳證券交易所挂牌上市;1995年6月本公司向境外募集的10500萬股新B股和將108253萬股法人股轉B股亦在深圳證券交易所挂牌上市。

廣東電力發展股份有限公司的主營業務是建設、經營發電站,建設輸變電工程。目前公司已投產的主要電廠有沙角發電廠(一期,下同)和湛江發電廠(一期,下同)。沙角發電廠是公司全資附屬的燃煤發電廠,擁有3臺20萬千瓦燃煤發電機組,該3臺機組曾在全國同類型機組的綜合經濟技術指標評比中名列前茅;湛江發電廠是本公司控股52%的燃煤發電廠,擁有2臺30萬千瓦機組,以上兩個電廠均是目前廣東小電網的主力電廠之一。目前正在建設中的發電廠有梅縣B電廠,該廠裝機容量為2臺12.5萬千瓦的燃煤發電廠,公司占有51%的股權,預計該廠第一臺機組1996年四季度并網發電。

廣東電力發展股份有限公司在管理上力求科學化,在運作上力求規範化,保證了公司與電廠的安全、經濟、高效運行,成績顯著。公司被深交所評為1995年度20家績優公司之一。

廣東電力發展股份有限公司在發行B股后,B股已占總股本的25.83%,經國家經貿委批準已轉為外商投資股份有限公司。公司將着力用好、用足政府在政策上給予的優惠條件,將公司建設成一個以母公司為核心,擁有多個電力公司和關聯企業的"一業為主,多元發展"的專業化、集團化和國際化的大型電力股份制企業。

建設中的梅縣B電廠

沙角A電廠(一期)集控室

展股份有限公司

湛江發電廠(一期)主廠房外景

傳統醫藥顯神威

山東東阿阿膠

董事長、總經理：劉維志

著名的品牌。"東阿"牌阿膠3次榮獲國家金質獎，1991年獲傳統藥"長城"國際金獎，產品遠銷東南亞各國和歐美市場。

獨特的水質。北魏地理學家酈道元的《水經注》說：東阿水"是河南濟源縣濟河的一股地下潛流，水經地下岩石的沙、礫層濾過，不但起到清潔作用，同時也帶入鈣、鉀、鎂等礦物質，故色綠質重，每擔水比一般井水或河水重三、四斤，由于水質重，在熬煮過程中，雜質及漂物便于打撈上來和切制膠片，雖經炎夏酷暑也不變形變質"。山東省地質廳曾從有阿膠生產廠家的14個地域選取水樣進行化驗分析，發現東阿地下水比重大，每立方米超過正常水3.5公斤，其比重比最輕的水高0.0027，水中含有大量的金屬陽離子和多種益于人體的微量元素，而且水無污染，對人體有害的鉛、砷等無素均未檢出。

精湛的工藝。堅持繼承創新，先后實施了阿膠常年生產改造、擴產改造、機械化改造等改

公司生產的系列產品

中華瑰寶鑄輝煌

股份有限公司

地址：山東省東阿縣城阿膠街 78 號
電話：(0635)3281582　3283003
傳真：(0635)3282786
郵編：252201　電挂：5231

造項目，采用了蒸球加壓化皮、離心分離雜質與膠液、空調制冷恒溫恒濕與微波晾膠、微機控制化皮等新工藝新技術，在全國阿膠生產廠家一直處于領先地位。

科學的管理。制定了《中國藥典》上沒有的質量檢測項目 10 余項。實施人、機、料、法、環綜合控制，從提高原料質量、工序質量、工作質量入手，提高產品質量。

顯著的業績。1993 年以來，主營業務收入年均增長 48.49%，稅后利潤年均增長 61.73%；1993 年、1994 年、1995 年每股盈利分別達到 0.195 元，0.303 元，0.335 元，每股盈利年均增長 31.07%，每股淨資產年均增長 53.32%。

輝煌的前景。本世紀末，公司將建成一個擁有資產 10 億元，經營門類 6 個，5 個產品系列 40 個品種，年產量 12800 噸，利稅 3 億元，出口創匯 1500 萬美元的高科技、高效益跨國經營企業集團。

公司股票上市新聞發布會

公司廠區一角

廣東證券律師事務所

盧瑞華題

事務所主任、高級律師謝瑞生

謝瑞生主任與盧瑞華省長合影

事務所成立于 1993 年 3 月 3 日，現有律師 30 多名。本所主管部門是廣東司法廳及廣東省證監會。事務所以證券業務爲主，同時辦理金融、投資、産權、期貨、房地産等法律事務，已爲：粵金曼、金馬、美的、萬家樂、佛山照明、汕頭電力、宏遠、梅雁、威達、茂名實華等 A 股上市，嘉士利、清遠八達、清遠金穗等法人股上市，廣證基金、廣證受益券、廣發基金（二）等基金上市，以及香港廣南集團、香港英龍（中國）、香港潮州實業等境外上市提供了法律服務。

事務所與境内外多家投資銀行、證券商、律師事務所有廣泛業務聯系。本所常年客户近百家。

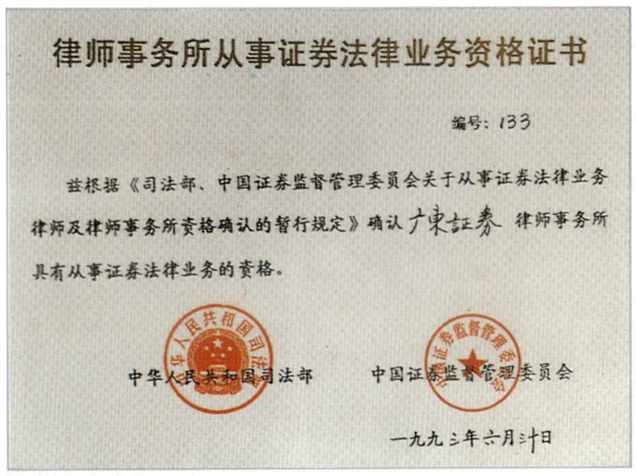

律师事务所从事证券法律业务资格证书

编号：133

兹根据《司法部、中国证券监督管理委员会关于从事证券法律业务律师及律师事务所资格确认的暂行规定》确认广東証券律师事务所具有从事证券法律业务的资格。

中华人民共和国司法部　　中国证券监督管理委员会

一九九三年六月三十日

證券業務資格證書

法定代表人、主任：謝瑞生

常務副主任：馮作清，副主任：顔道成

地址：廣州市解放北路 603 號廣東迎賓館六榕樓 2 樓

電話：(020)83332950－2922、2923、2201、2203　83378040（直撥）

傳真：(020)83378040　郵編：510030

古色古香的辦公樓外景

珠海工商企

法人代表：張建榮

珠海工商企業集團公司是一個集科、工、貿、房地產爲一體集約化經營的集團公司。有進出口權及轉口貿易權，擁有研究所 1 所、保税貿易行 1 個，保税工廠 3 家，15 家下屬及參戌合資的企業；有先進的生產設備、檢測儀器及現代化的開發手段。主要經營集團內企業自産産品出口及生産所需設備、原輔材料、零配件、電子産品、兒童智力開發産品和化工原料進出口業務。産品有：家用電器（VCD 激光影碟機、CD 激光唱機、錄放機、收音機、高級照相機）、電子原器件（VCD 機芯、CD 機芯、收錄機機蕊、綫路板及成套組件、厚膜

珠海照相機廠

珠海照相機廠創建于 1986 年，主要産品有各種半自動、全自動照相機。自行設計開發了麗康 AW—303 系列全自動相機及 TW—308 系列變焦相機、多鏡頭運動相機等新産品。

廠長：蘇維錦

地址：廣東省珠海市吉大蓮花山吉石路

電話：3332593 **傳真：**3363585

郵編：519015

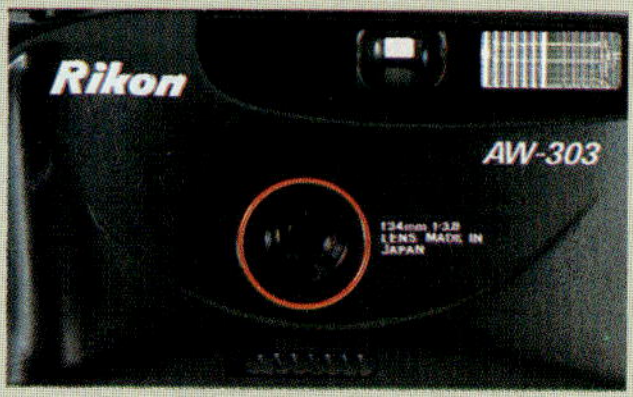

全自動照相機

珠海經濟特區信海股份有限公司

公司前身在 1985 年由廣東省國際信托投資公司房産開發公司與珠海特區工商企業發展有限公司共同出資興辦的一家内聯全民所有制企業。公司的主要經營房産投資與租賃，兼營家用電器、電子産品及通訊設備、塑料制品、化工、建築材料、鋼材、鋁材等。公司注册資金爲 6800 萬元，實際擁有固定資産 1.3 億元。

董事長：肖正惠

地址：珠海吉大園林路信海商業大廈 10 樓

電話：3332373　3334400

傳真：3334387

信海大厦

珠海市信海保税貿易行

保税貿易行隸屬珠海市信海集團股份有限公司。法人代表兼總經理張建榮。主要經營國際轉口貿易、保税倉儲業務的專業企業。經營範圍：化工原料及其制品，塑料、橡膠及其制品，醫藥、紡織、包裝、建築、裝飾材料、木材、膠合板、衛生潔具、機電産品，電子零配件、輕工産品、汽車配件、摩托車零件等。

珠海經濟特區華晶有限公司

公司是珠海信海（集團）股份有限公司、中國華晶電子集團公司和美國北京——華盛頓公司合資組建的一家專業設計、生産厚膜混合集成電路的企業。公司創造于 1986 年，注册資金 400 萬美元，廠房面積 3900 余平方米，在職職工約 150 人，公司從美國等地引進了整套厚膜混合集成電路的設計、生産設備，研制生産了上百種厚膜混合集成電路，産品大量外銷。

淨化車間一角

江海電子股份有限公司

江海電子股份有限公司是由珠海市信海集團股份有限公司與江蘇無錫無綫電廠合資興辦的全民所有制企業。産品以錄音機機芯爲主，采用“佳海”商標。

江海電子股份有限公司的總裝綫

珠海經濟特區廣珠無綫電技術開發公司

珠海經濟特區廣珠無綫電技術開發公司是研制、生産各種新型通信設備的高科技專業公司，技術力量雄厚。經幾年研制，成功開發了新一代移動電話電池——綠寶牌鎳氫（Ni－MH）電池。

地址：珠海吉大園林路信海商業大廈 7 樓

電話：（0756）3336245 **傳真：**3333207

郵編：519015

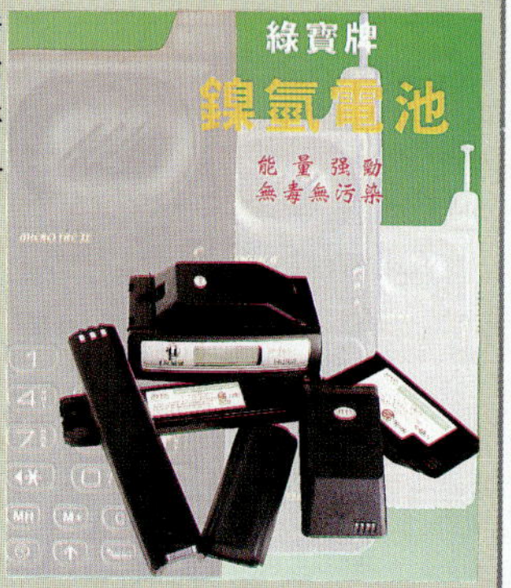

無綫電技術開發公司産品

山東華夏審計師事務所

SHANDONG HAN AUDITORS OFFICE

事務所經省審計廳批準，報國家審計署備案，于 1994 年 6 月成立，并在省工商行政管理局登記注册，取得獨立法人資格。

事務所是在山東省華夏文化促進會領導下，并受山東省審計廳的管理和業務指導，依法獨立承辦審計查證和咨詢服務的全民所有制的事業單位，實行有償服務、自收自支、獨立核算、自負盈虧、依法納税。

本所下設：審計咨詢部、基建業務部、驗資部、資産評估部、業務綜合部、聯絡部、質量監控室、總師室、培訓部、辦公室。專職工作人員有中國注册審計師、注册會計師和高、中級審計師、工程師、會計師、經濟師等專業技術人員。還有特邀的高、中級建築、機構、電子等多專業工程師、審計師、會計師、經濟師等。

服務宗旨和原則：

本所始終把執業質量和職業道德放在第一位，堅持"服務第一，質量第一，信譽第一，"全心全意爲改革開放服務，以促進發展社會主義市場經濟爲宗旨，開發社會審計業務，嚴格遵守《審計法》和國家的各項法律、法規，認真執行《中華人民共和國審計條例》、《審計署關于社會審計工作規定，堅持依法辦事，客觀公正，誠實信用，保守秘密的原則，維護委托人的合法權益。

業務範圍：

本所接受國家機關、企事業單位、社會團體和個人的委托，承辦下列業務：

（一）財務收支、經濟效益、經濟責任的審計查證事項；

（二）基建工程預、結（決）算的審計驗證和編制工程預、結（決）算，工程招標標底；

（三）企業注册資金的驗證和年檢；

（四）建設項目、外資項目、引進項目的可行性研究經濟評估；

（五）經濟案件的鑒定；

（六）建帳建制，清理債權債務；

（七）協助擬訂合同、章程和其它經濟文件；

（八）基本建設工程監理；

（九）擔任審計、會計咨詢顧問；

（十）開展經濟咨詢業務；

（十一）國有資産和非國有資産的評估；

（十二）培訓審計、會計、財務等經濟管理人員；

（十三）參與辦理企業解散、破産的清理事項；

（十四）承辦國有企業有關查證工作；

（十五）承辦涉外查證的有關事項；

（十六）承辦納税代理服務業務。

所長：劉國勝

地址：濟南市文化東路 20 號

電話：8959640

郵編：250014

雙流會計師事務所

地址：成都市雙流縣東升鎮洗甲巷 30 號

電話：(08202)823721

郵編：610200

中共雙流縣委、縣政府祝賀事務所成立

法定代表人、所長：傅政嚴

雙流會計師事務所始建于 1989 年 9 月，原爲蜀都會計師事務所雙流分所。1992 年 10 月，經四川省財政廳批準，正式獨立承辦《中華人民共和國注册會計師法》規定的審查企業會計報表、驗證企業資本、辦理企業合并和分立及清算事宜中的審計、資産評估、會計咨詢、會計服務等業務。

幾年來，事務所在省財政廳、省注册會計師協會的直接領導、指導和地方政府及財政局的關心、支持下，已初具一定的規模，下設東升辦事處和華陽分所兩個分支機構。至 1995 年 12 月 31 日止，淨資産已達 50 多萬元，全所共有執業人員 22 人，其中注册會計師 11 人(具有中高級職稱的 16 人，業務助理 6 人)，幾年來已承辦“三資”企業的驗資 35 户，審計 85 户；國内企業驗資 400 余户，審計 350 余户，資産評估 80 余户，會計咨詢服務 300 余户等有關業務。

在這幾年來的執業過程中，嚴格按照國家的有關法律、法規執業，堅持了注册會計師獨立、客觀、公正的原則，維護了企業投資各方的合法權益。在對企業進行資産評估時，針對企業原産權不明確、界限不清等歷史遺留問題進行大量的取證和審計驗證工作，使問題得到了合理的解決。幾年來先后爲國家和企業挽回經濟損失 2 億多元人民幣。事務所決心繼續堅持獨立、客觀、公正和廉潔的原則，加强自身隊伍建設，不斷提高業務素質，以適應我國經濟發展的需要，爲維護地方社會經濟秩序和促進注册會計師事業的發展。

成都雙流
財政信用投資股份有限公司

董事長:黄德茂

雙流縣地處四川成都平原腹心地帶,全縣86萬人,成昆鐵路的三個火車站横貫縣内,西南國際民航樞紐成都雙流國際民航機場距縣城僅1.5公里,縣城距市區也僅17公里,交通發達。在省市支持下,以雙流縣人民政府批準,于1992年6月正式挂牌成立"成都雙流財政信用投資股份有限公司"。公司的業務主管歸雙流縣財政局,屬全民所有制事業單位,實行獨立核算、自負盈虧,注册資本金2000萬元,其中政府籌集資金1000萬元,企業置股210萬元,個人股份和社會資金760萬元。公司實行董事會領導下的經理(法人)負責制,董事會是公司的最高權力機構。董事長由縣政府常務副縣長黄德茂同志擔任,副董事長由縣財政局長陳中方同志擔任。

公司成立后,根據有關財政、金融、信托等專業要求,經有關部門批準,積極爲全縣經濟服務,一是開展財政性、非財政性等資金的籌集、融通和投放業務;二是開展有價證券交易,代理和發行債券、股票等;三是對縣内經濟有利的其他資金信用業務。公司先后融通、拆借、引進各項資金近2億元,同時,還分别爲成都萬貫集團公司、成都市東升集團公司、雙流玉昌工業有限公司等重點企業發行債券1000多萬元。三年多的時間里,先后扶持了縣内數百家企業,促使企業新增税利3000多萬元,促進了全縣財政收入逐年增長,三中全會前,全縣財政收入僅徘徊在3000萬元左右,三中全會以后至1995年,縣的財政總收入已超過3億元,比三中全會前增長了10倍多。

發揮縣級財政信用優勢,努力促進地方經濟發展。我縣舉辦財政信用投資公司幾年來的實踐,使我們深刻體會到:一是堅持地方黨委和政府的領導,認真辦好縣級財政信用;二是運用財政信用靈活機制,開展多渠道融資業務,爲本縣經濟發展籌集資金;充分發揮縣一級財政信用的職能,發揮地方優勢,踏實地爲地方經濟發展服務。

廣東省東莞市審計師事務所

法人代表、所長:朱旭基　中國注册會計師

事務所是1989年經廣東省審計廳批準成立,報中華人民共和國審計署備案,具有法人資格,依法獨立承辦驗資、查帳、資産評估等業務的事業單位。

服務項目:驗證企業的投入資本,出具驗資報告書;審查會計財務資料,出具查帳報告書;辦理資産評估業務;基建工程預決算的驗證;企業解散、破産的清算,清理債權債務;經濟案件的鑒定事項;建帳建制,擔任審計、會計顧問;税務代理;外匯年檢;培訓審計、會計和其他管理人員。

評估範圍:固定資産、流動資産、專項資産、無形資産、綜合評估。

設置機構:業務部、評估部、咨詢部、綜合部、拓展部、東江分所、道窖分所

樟木頭分所、麻涌分所、横瀝分所、厚街分所,沙田分所。

法人代表、所長:朱旭基(中國注册會計師)
地址:●**東莞市莞城馬齒巷60號之一**
●**東莞市城區運河東二路果菜公司商業大廈6樓**
電話:(0769)2215352
傳真:2217127　2114211
郵編:511700

潮州市審計師事務所

所長、法人代表:陳韶麟

事務所審計師們研討業務

潮州市審計師事務所是經廣東省審計廳、潮州市編委批準,工商注册登記的全民所有制事業單位,具有法人資格,依法獨立承辦國家機關、企事業單位和個人委托的審計查證、鑒證、驗資和咨詢顧問等業務。1991－1993年榮獲廣東省審計系統先進單位稱號。擁有一支以注册會計師爲主體,各種專業人才配套、具有豐富財會實踐經驗的專業隊伍。内設機構:所長室、業務一部、業務二部、驗證部、綜合部(電腦室)、基建審計部、審計培訓中心。

承辦業務:財務收支、經濟效益、經濟責任的審計查證;經濟案件的鑒證;注册資金的驗證、年檢;基建工程預、決算及驗證;建帳建制,擔任審計、會計咨詢顧問;培訓專業人員。

地址:潮州市潮楓路陳橋綜合樓B幢二樓(金信大廈斜對面)
電話:2201557　2201625(**所長室**)
潮州市城新路農興大厦三梯三樓
電話:2265313

栏 目 协 办

上海粮油商品交易所

第一编

专　论

70/93

专　论

国民经济和社会发展概况

国家统计局

1995年，在党中央和国务院的正确领导下，各地方，各部门继续贯彻中央"抓住机遇、深化改革、扩大开放、促进发展、保持稳定"的基本方针，积极落实宏观调控的各项措施，全国各族人民团结奋斗，取得了改革开放和社会主义现代化建设的新成就。国民经济持续快速发展，经济结构调整有所进展，通货膨胀得到初步抑制，人民生活继续改善，各项社会事业有新的发展。初步统计，全年国内生产总值57733亿元，比上年增长10.2%。其中第一产业增加值11365亿元增长4.5%；第二产业增加值28274亿元，增长13.6%；第三产业增加值18094亿元，增长8%。存在的主要问题是：农业基础依然薄弱；物价总水平涨幅仍然偏高；部分企业生产经营困难，经济效益不好。

农　业

种植业生产获得较好收成。全年除茶叶减产外，粮食、油料、棉花、糖料、麻类、烤烟、蔬菜、水果等主要农产品均有增产，对稳定经济、保障市场供应起了积极作用。

主要农产品产量如下：

	1995年	比上年增长%
粮食	46500万吨	4.5
其中：谷物	41700万砘	5.9
油料	2250万吨	13.1
其中：花生	1024万吨	5.8
油菜籽	976万吨	30.2
棉花	450万吨	3.7
黄红麻	40万吨	12.7
甘蔗	6440万吨	5.7
甜菜	1360万吨	8.5
烤烟	210万吨	8.2
茶叶	58万吨	－0.8
水果	4190万吨	19.7

林业生产健康发展。全年完成造林面积550万公顷，国家重点林业建设工程进展显著，群众造林活动广泛开展，三北防护林二期工程等国家重点造林项目超额完成规划任务；森林防火、病虫害防治工作有新进展；森林资源管理、保护工作不断加强，保持了森林面积和蓄积量的双增长，森林覆盖率达到13.92%。

畜牧业全面发展，主要畜产品产量和牲畜存栏头数保持稳定增长趋势。

主要畜产品产量和牲畜存栏头数如下：

	1995年	比上年增长%
肉类	5000万吨	11.0
其中：猪牛羊肉	4200万吨	13.7
牛奶	548万吨	3.7
绵羊毛	27.6万吨	8.4
蚕茧	79万吨	－2.5
猪年末存栏数	44141万头	6.5
羊年末存栏数	27327万只	13.6
大牲畜年末存栏数	15939万头	6.8

渔业生产稳定增长。全年水产品总产量2538万吨，比上年增长18.4%。其中，淡水产品产量1161万吨，增长28.8%；海水产品产量1377万吨，增长10.9%。

农业生产条件进一步改善。年末全国农业机械总动力36070万千瓦，比上年末增长6.7%；大中型拖拉机67万台，减少3%右左；农用载重汽车80万辆，增长7%；化肥施用量（折纯）3570万吨，增长7.6%；农村用电量1628亿千瓦小时，增长10.5%。农田水利建设有所加强，农田有效灌溉面积增加。

工业和建筑业

工业生产在平稳回落中保持稳定增长。全年完成工业增加值24718亿元，比上年增长14%。在全部工业中，国有及国有控股企业增长9.5%，其中国有企业增长7.2%；集体企业增长15.8%；以中外合资、合作经营和外资企业为主的其他经济类型工业增长19%。大中型企业增长10.2%。

轻工业生产发展快于重工业。全年轻工业完成增加值11181亿元，比上年增长16.7%；重工业完成增加值13537亿元，增长12%。石油化工、机械电子、汽车等支柱产业在调整中稳定发展。受市场需求变化影响，主要工业产品产量有升有降。

主要工业产品产量如下：

	1995年	比上年增长%
化学纤维	290万吨	3.4
纱	500万吨	2.2
布	210亿米	－0.6
机制纸及纸板	2400万吨	12.2
糖	565.6万吨	－4.5
原盐	2499万吨	－16.6
卷烟	3491万箱	1.7
合成洗涤剂	221.8万吨	2.0

彩色电视机	1958 万部	15.9
家用洗衣机	944.8 万台	—13.6
家用电冰箱	929.6 万台	21.0
能源生产总量（折标准燃料）	12.39 亿吨	4.4
原煤	12.98 亿吨	4.5
原油	1.49 亿吨	2.0
发电量	10000 亿千瓦时	7.8
钢	9400 万吨	1.5
钢材	8000 万吨	—5.1
十种有色金属	425 万吨	7.9
水泥	4.5 亿吨	7.1
木材	6650 万立方米	0.5
硫酸	1741 万吨	13.3
纯碱	582 万吨	0.1
化肥(折百分之百)	2450 万吨	7.8
化学农药(折百分之百)	36 万吨	24.7
发电设备	1682 万千瓦	—1.5
金属切削机床	18.1 万台	—12.6
汽车	150.3 万辆	10.0
拖拉机	6.3 万台	35.5
集成电路	31292 万块	7.9
微型电子计算机	40.3 万部	182.3
程控交换机	1635 万门	22.0

随着企业改革的深入，国有大中型工业经济增长速度加快，经济效益总体水平仍保持优势。全年工业企业经济效益综合指数为 90.02，其中国有大中型企业为 94.15。当前看，影响工业经济效益总体水平提高的主要因素是成本费用上升过快，产成品库存偏大，资金相互拖欠问题较突出。

建筑业生产经营持续发展。全年建筑业完成增加值 3556 亿元，比上年增长 9.8%。建筑行业加大管理体制改革力度，积极推行施工工程招标投标责任制，招标投标面进一步扩大。国有建筑业企业施工工程个数为 22.3 万个，实行招标投标的工程个数为 7.7 万个，招标投标的承包面达 34.5%，比上年增加 8 个百分点；房屋建筑面积为 4.25 亿平方米，增长 7.8%；房屋建筑竣工面积为 1.29 亿平方米，下降 8.4%。劳动生产率 13475 元，提高 13.3%；人均创利税与上年基本持平，经济效益有待进一步提高。

地质勘查取得新成果。全年新发现或证实为工业矿床的主要矿产地 126 处；取得重大新进展的勘查矿区 71 处；有 31 种矿产增加了探明储量，其中：石油 66853 万吨，天然气 1810 亿立方米，金矿 60.6 吨，煤矿 42.8 亿吨，铜矿 65.9 万吨，铝土矿 1505 万吨，铁矿 18274 万吨。地质勘查行业完成机械岩心钻探工作量 832 万米。提交可供工农业生产利用的地质报告 202 份。

固定资产投资

控制固定资产投资取得明显成效。全年全社会完成固定资产投资 19445 亿元，比上年增长 18.8%（扣除价格因素，实际工作量增长 11%），增幅比上年回落 12.6 个百分点。其中国有经济投资 10822 亿元，增长 16.1%；集体经济投资 2978 亿元，增长 11.8%；其他各种经济类型投资 3264 亿元，增长 35.3%。

分投资类型情况是，基本建设投资 7365 亿元，增长 22.1%；比上年回落 17.4 个百分点；更新改造投资 3199 亿元，增长 11.3%；回落 21.6 个百分点；房地产开发投资 2831 亿元，增长 21.4%，回落 20.6 个百分点；城乡集体、个体和其他固定资产投资 6050 亿元，增长 17.9%，回落 0.8 个百分点。

分行业情况是，农业、运输邮电通信业投资增长较快，而能源工业投资增速放慢。农林牧渔水利业完成投资 264 亿元，增长 43.7%；运输邮电通信业完成投资 2467 亿元，增长 24.6%；能源工业完成投资 2427 亿元，增长 16.7%。

分地区情况是，中、西部地区投资比重有所提高。东部地区全年完成投资 12188 亿元，增长 17.5%，点全部投资的比重由 63.3%下降到 62.7%；中部地区完成投资 4121 亿元，增长 20.7%，点全部投资的比重由 20.8%上升为 21.2%；西部地区完成投资 2387 亿元，增长 21.1%，所占比重由 12%上升为 12.3%。

全年施工项目 17 万个，施工项目计划总投资 37775 亿元，其中新开工项目 9.3 万个，新开工项目计划总投资 5773 亿元。全部建成投产项目 9.5 万个，新增固定资产 7261 亿元，其中大中型基本建设项目 129 个，限额以上更新改造项目 258 个。

全年建成投产的国家重点项目 30 个，其中铁路项目 9 个，包括兰新复线（299 公里）、侯月线（电气化新线 253 公里、复线 121 公里）、浙赣线（135 公里）、宝中线（498 公里）等；电力项目 7 个，包括云南漫湾水电站（装机容量 25 万千瓦）、浙江嘉兴电厂（装机容量 60 万千瓦）等；邮电项目 5 个，包括杭福贵成光缆（4523 公里）、京呼银兰光缆（2084 公里）等；仪征化纤三期也已建成投产。

全国基本建设新增的主要生产能力有：煤炭开采 2393 万吨，发电机组容量 1451 万千瓦，石油开采 2371 万吨，天然气开采 9.23 亿立方米（含更新改造和其他投资增加的能力），炼铁 325 万吨，钢材 151 万吨，木材采运 19.3 万立方米，新建铁路正线交付运营里程 2389 公里，增建铁路复线交付运营里程 901 公里，新建公路 4839 公里，其中高速公路 538 公里，市内电话自动交换机 1720 万门，长途光缆 25078 皮长公里，新建数字微波通信线路 42777 波道公里等。

交通和邮电

交通邮电业继续得到较快发展。全年完成增加值 3236 亿元，比上年增长 9.5%。通信能力增强，运输紧张状况有所改善。

各种运输方式完成的客货运输周转量如下：

	1995 年	比上年增长%
货物周转量(亿吨公里)	35436	6.5
铁路	12900	3.6
公路	4890	9.0
水运	17000	8.4
航空	24	26.3
管道	622	1.6
旅客周转量(亿人公里)	9105	6.0
铁路	3547	—2.5
公路	4726	12.0
水运	180	—2.2
航空	652	18.1
沿海主要港口货物吞吐量(万吨)	78980	6.2

邮电通信业继续高速发展。全年完成邮电业务总量986亿元,比上年增长42%。住宅电话发展迅速,全年新增电话用户1546万户,相当于上年末的56.6%,电话普及率达到4.66部/百人,比上年提高1.46个百分点;移动电话全年新增用房206万户,是上年底用户数的1.3倍。公用通信能力进一步提高。年末局用交换机容量为7096万门,长途交换机容量达351万路端。邮电通信质量也有了明显的提高。

国内贸易和市场物价

国内消费品市场繁荣活跃。全年社会消费品零售总额20598亿元,比上年增长26.6%,扣除价格因素,实际增长10.3%。国内生产资料市场供求总量基本平衡,销售稳定增长。农业生产资料购销两旺,但价格水平上升幅度较高。

分城乡看,城市消费品零售额12389亿元,增长28.2%;农村消费品零售额8209亿元,增长24.3%,扣除价格因素实际分别增长13%和6.8%。

分行业看,实行五天工作制后,居民旅游度假时间增多,饮食服务业相应发展,全年饮食业零售额比上年增长29.9%,增长幅度居各行业之首;批发零售贸易业零售额增长22.2%。

通货膨胀得到初步控制。市场价格涨幅逐月回落,实现了全年商品零售价格涨幅控制在15%左右的调控目标。但物价总水平涨幅仍然偏高。

各类价格比上年上涨幅度(%)

1.商品零售价格	14.8
其中:城市	13.5
35个大中城市	12.8
农村	16.4
2.居民消费价格	17.1
其中:城市	16.8
35个大中城市	16.5
农村	17.5
其中:食品	22.9
粮食	36.8
肉禽及其制品	26.4
食用植物油	13.4
蛋品	14.6
水产品	14.4
鲜菜	27.6
衣着	14.5
家庭设备及用品	7.0
医疗保健用品	11.3
交通和通讯工具	—0.1
娱乐教育文化用品	6.4
居住商品	10.6
服务项目	20.2
3.农业生产资料零售价格	27.4
4.农产品收购价格	19.9
5.工业企业能源、原材料购进价格	15.3
6.工业品出厂价格	14.9

对外经济

对外贸易规模扩大。全年进出口总额达2809亿美元,比上年增长18.6%;;其中出口总额1488亿美元,增长22.9%;进口总额1321亿美元,增长14.2%。进出口商品结构进一步改善,机电产品出口比重由上年的26.4%上升到29.4%,超过服装纺织品类成为我国出口第一大类产品。国内紧缺的原材料及生活资料进口增加较多。外商投资企业进出口继续大幅度上升,全年达1098亿美元,增长25.3%,占全国进出口总额的比重由上年的37%提高到39.1%。市场多元化战略取得新进展,我国对外贸易伙伴国家和地区由上年的221个增加到227个,对非洲和拉丁美洲的进出口额分别增长48.3%和30%,大大高于对其他各洲的增长速度。

实际利用外资继续增长。全年实际使用外资484亿美元,比上年增长11%。其中外商直接投资377亿美元,增长11.7%。年末,已注册的外商投资企业达23.4万户,比上年增加2.8万户。

对外经济技术合作继续发展。全年对外承包工程和劳务合作新签合同金额96.7亿美元,比上年增长21.1%;完成营业额65.9亿美元,增长10.3%。

国际旅游又有新发展。全年来旅游、访问、从事商务以及各项活动的外国人、华侨和港澳台胞达4639万人次,比上年增长6.2%;全国旅游收入87亿美元,增长19%。

金融和保险业

金融形势平稳。存款增加较多,贷款结构有所改善,用于支持国家重点建设项目、产业结构的调整、有市场和有效益的国有企业以及国家重要物资的进口和储备等方面的贷款增多。

年末国家银行和农村信用社各项存款余额45958亿元,比上年末增加10880亿元,增长31%,其中企业存款余额为14520亿元,增加3004亿元,增长26.1%;各项贷款余额为44628亿元,比上年末增加7971亿元,增长21.7%;其中短期贷款余额为31243亿元,增加5321亿元;中长期贷款余额为10532亿元,增加1969亿元。年末市场现金流通量(M0)为7885亿元,比上年末增加596.7亿元,增长8.2%,狭义货币(M1)增长16.8%;广义货币(M2)增长29.5%。年末城乡居民储蓄存款余额达29662亿元,比上年末增加8126亿元,增长37.7%。

国家外汇储备增加较多,年末国家外汇储备为736亿美元,比上年末增加220亿美元。

保险事业继续发展。全年全国承保总额139679亿元,比上年增长25%,保险收入615.7亿元,增长23.6%,其中,财产保险费收入421.1亿元,人身险保费收入194.2亿元。财产险赔款金额242亿元,人身险给付金额64.7亿元。

职工社会保险取得较大进展。年末全国有9500万职工参加了失业保险;8900万城镇职工参加了基本养老保险,2100多万离退休人员参加了离退休费社会统筹;500多万职工参加了大病医疗统筹,70多万离退休人员参加了医疗费用统筹。各地劳动部门为250多万失业职工提供了失业救济。

科学、教育、文化和卫生、体育

科技队伍扩大。年末,国有企事业单位共有各类专业技术人员2785万人,比上年末增长4%。全国县级以上国有独立研究开发机构5856个,高等院校办科研机构2550个,大中型工业企业办科研机构14400个;从事科技活动人员277万人,其中科学家和工程师163万人。

科技经费增加。全年全国科技机构、、高等院校和大中型工业企业等单位用于科技活动的经费支出为833亿元。其中研究与发展经费支出286亿元，相当于国内生产总值的0.5%，与上年持平。

全年全国共取得省部级以上重大科技成果3.1万项；获国家奖励的成果795项，其中国家发明奖131项，国家自然科学奖57项，国家科学技术进步奖607项。直接为经济建设服务的主要科技成果有：研制成功我国拥有自主版权的大型软件开发环境——青鸟系统和大规模集成电路计算机辅助设计系统——熊猫系统，建成了中国教育和科研计算机网示范工程并通过验收，自主研制开发的大型数字程控交换设备开始投入生产，计算机集成制造技术开始在工业生产中得到应用，在世界上首获抗大麦黄矮病的转基因小麦。受理国内外专利申请8.3万件，授权专利4.5万件，分别比上年增长6.8%和4.1%。全年国家自然科学基金资助科研项目4131项，资助金额5.1亿元。对23个国家重点实验室的关键仪器设备进行了更新改造。新建成国家工程研究中心4个、国家工业性试验基地10个、国家级企业技术中心40个。全年国家组织完成了278项技术开发、新技术推广、消化吸收、工业性试验项目，完成了300项重大技术装备的研制并经鉴定验收交付使用。

*质量检测、标准化建设和天气预报服务水平提高。*到年末，全国共有产品质量监测机构5000个。比上年增加2000个，国家质检中心235个，比上年增加1个。全年制定、修订各类国家标准1320个。全国共建立了超短波天气警报服务系统发射台2035个，比上年增加188个。测绘部门测绘各种比例尺地图64087幅，公开出版地图970种。

*企业与高校、科研机构的合作有新发展。*全年参加“产、学、研”合作的单位44000个，设立合作开发项目26400荐，参加人数40.4万人。

*技术市场繁荣。*全年全国共签订技术合同22万份，成交金额268亿元。比上年增长17%。

*各类教育事业继续发展。*高等学校布局调整取得明显成效，年末普通高校为1054所，成人高校为1156所，均比上年有所减少。高等学校招生稳步发展，普通高校招生92.6万人，比上年增加2.6万人，在校生290.6万人；成人高校招生91.4万人(含电大普通专科班8.1万人)，比上年减少10.3万人，在校生257万人(含电大普通专科班17.8万人)。全国招收研究生5.11万人，与上年基本持平，在学研究生14.5万人，增加1.7万人。

*中等职业教育规模继续扩大。*各类中等职业技术学校在校生939.4万人(含技工学校学生188.6万人)，占高中阶段在校学生总数1653万人的56.8%。

*普及九年义务教育有新进展。*全国初中在校生4728万人，入学率达78.4%，比上年提高4.6个百分点；小学在校生13195万人。学龄儿童入学率达98.5%，比上年提高0.1个百分点。普通初中和小学辍学率分别为3.95%和1.49%。希望工程取得可喜进展。全年累计接受海内外捐款2.53亿元人民币；资助23.7万名失学儿童重返校园；资助建设希望小学1325所。

*各类成人教育获得较大发展。*成人中等专业学校在校学生242.9万人，成人技术培训学校培训学员7698万人次；成人中、小学毕业学生288万人；全年共扫除文盲476万人

*文化事业加快发展。*年末全国共有艺术表演团体2690个，文化馆2890个，公共图书馆2619个，博物馆1165个，档案馆3589个，广播电台1204座，中、短波广播发射台和转播台746座，广播人口覆盖率78.7%，电视台835座，一千瓦以上电视发射台和转播台1205座。电视人口覆盖率84.8%。各类电影放映单位9.4万个。全年生产电影故事片146部，发行各种新片(长片)204部，有16部(次)影片在国际电影节上获奖。全国性和省级报纸全年出版181亿份，各类杂志出版23.8亿册，图书出版62.6亿册(张)。

*卫生事业进一步发展。*年末全国医院共有病床283.6万张，比上年增长0.2%。专业卫生技术人员425.7万人，增长1.4%；其中医生191.8万人(含中、西医师145.5万人)，增长1.9%；护师、护士112.6万人，增长2.9%。

*体育事业成绩显著。*在全年国内外重大比赛中，我国运动员在18个项目中获得102个世界冠军；14人2队24次创13项世界纪录，16人4队32次创20项亚洲纪录，56人23队137次创87项全国纪录。有89%以上的在校学生达到《国家体育锻炼标准》，《全民健身计划纲要》已在全国各地普遍实施。

人口、人民生活和环境保护

*控制人口增长取得积极成效。*全年人口出生率为17.12‰，死亡率为6.57‰，自然增长率为10.55‰。年末全国人口为121121万人，比上年末增加1271万人。

*居民收入稳定增长。*全年城镇居民人均生活费收入为3893元，比上年增长22.5%，扣除价格因素，实际增长4.9%。农村居民人均纯收入1578元，增长29%，扣除价格因素，实际增长5.3%。但地区之间、城乡之间的收入增长不平衡问题仍较突出，一部分居民实际收入水平有所下降。

*劳动就业工作平稳发展。*到年末，各类职业介绍机构发展到2.5万多家，全年城镇新就业人员720万人。年末全国城镇从业人员18620万人，比上年增加460万人。其中城镇职工14900万人，增加51万人；城镇私营和个体从业人员1960万人增加403万人。全年通过实施再就业工程帮助140万长期失业者和企业富余职工再就业。年末城镇登记失业人数520万人，登记失业率2.9%。乡镇企业从业人员12350万人，增加332万人。乡村私营企业和个体从业人员3100万人，增加233万人。

*职工工资水平继续提高。*全年全国城镇职工工资总额8100亿元，比上年增长21.7%；职工年平均工资5500元，增长21%，扣除物价因素，实际增长3.8%。

*城乡居住条件继续改善。*全年城镇新建住宅3.3亿平方米，农村新建住宅6.5亿平方米。

*社会福利事业继续发展。*年末全国各类社会福利院床位达99.7万张，收养76.7万人；城乡各种社会救济对象得到国家救济的达4028万人次。全国已有33.2%的乡镇建立了农村社会保障网络；城镇社会服务网络也有较大发展，已建立起各种社区服务设施10.4万个。

*环境保护事业加快发展。*年末全国环境保护系统共有8.8万人，各级环境监测站2184个，环境监测人员3.4万人。全国自然保护区达793个，其中国家级自然保护区98个，自然保护区总面积7172万公顷，占国土总面积的7.2%。环境法制建设进一步加强。到1995年末，制定颁发的环境保护国家标准和行业标准达362项。全年完成环境污染限期治理项目4397个，总投资36.5亿元。在全国530个城市中建成了3002个烟尘控制区，面积达12532平方公里；在416个城市中建成了1980个环境噪声达标区，面积达5144平方公里。

注：

1.本公报各项统计数据为初步统计数，未包括台湾省和香港、澳门地区。

2.公报中国内生产总值和各产业增加值绝对数按现价计算，增长速度按可比价格计算。

一九九六年三月一日

加强领导　总结经验　加快现代企业制度建设

吴邦国

国有企业改革取得了新的进展，增强了国有经济的活力

党中央和国务院已经明确，经济体制改革要以企业改革为中心。1995年，各地结合实际，加大改革力度，国有企业改革有了新的进展。

改革的思路进一步统一，基本形成了共识。近年来，随着改革的深入，对企业改革重要性、紧迫性、艰巨性的认识逐步深化。1995年，江泽民总书记对国有企业改革进行了大量调查，在上海、长春作了重要讲话，深刻阐明了企业改革的指导思想和基本方针。党的十四届五中全会的《建议》，对国有企业改革和发展又作了明确规定。同时，国务院有关部门召开多次会议，总结和交流各地如何适应社会主义市场经济要求，搞好国有企业的经验。从各地经验看，怎样搞好国有企业，大的思路基本一致了，统一到三中全会、五中全会、江泽民同志讲话精神上来。比如，现代企业制度的基本特征，是“产权清晰、权责明确、政企分开、管理科学”四句话，怎么全面、正确理解这四句话?现在大家比较清楚了：不能认为国有企业改革主要是产权改革，公司化就是股份化，股份化就是股票上市。实际上国外也不都是上市公司，上市的只有1～2%。比如，“搞好大的，放活小的”，抓“关键的少数”，就是要集中精力抓行业的排头兵，抓符合产业政策、有相当经济规模的优势企业。美国那么大的经济规模，起骨干作用的无非是几百家跨国公司，日本也就十几家，韩国只有几家。抓住“关键的少数”，抓好这些“头羊”，就可带动一大批企业。比如，兼并破产，在认识上、实践上都有很大提高，认识到企业兼并破产是经济过程中自然形成的，是企业发展的一种需要，是一种行之有效的稳定和振兴的手段，是建立优胜劣汰机制的客观要求。又比如，国有企业改革的立足点在哪儿?不能立足于国家优惠政策上，靠国家包下来，国家不能再对企业负无限责任。国有企业的改革要在国家的支持下立足于企业自身，要转变观念，开阔思路，眼睛向内，在实现制度创新、转换经营机制、加强内部管理等方面下功夫。现在，企业改革基本思路已经明确，今后的问题就是看我们怎样结合本地区、本企业实际干了。

国有企业改革试点工作全面展开。国有企业面临的困难很大，债多、人多、存量资产不活。这些涉及全局的难点重点问题不解决，国有企业改革难以深化。中央和各省、市、自治区确定的2000多家建立现代企业制度的试点，经过一年的实践，取得不少经验，在难点重点问题上取得了突破。这不仅在理论上是有益的探索，更重要的是在实践上可以操作。

比如，各地普遍关心的降低资产负债率问题。上海采用“六个一块”办法降低企业债务，即主体多元吸一块，存量盘活调一块，债权转股换一块，兼并破产活一块，企业发展增一块，政府扶植补一块。计划3年内净增资本金400亿元，净减债务89亿元，使负债率降到60%。唐山碱厂把中央和地方的“拨改贷”资金转为国家资本金，形成由国家开发投资公司、省建设投资公司、省经济开发投资公司及唐山市经济开发投资公司四家股东持股的有限责任公司，实现了投资主体的多元化，形成有利于政企分开的内部制衡机制，使资产负债率由90%降到60%。另外，一些地区在不同形式的公司制改造中，也降低了资产负债率。

比如，加快国有小企业的改革。山东推行“三放两不放”的原则。“三放”，一是放开生产经营；二是放开改制形式；三是下放干部管理权限。“两不放”，一是不放对国有资产的监管，防止流失；二是不放依法经营和照章纳税。全省已放开搞活县级及县以下国有小企业2.5万户。山东诸城原有103户国有小企业亏损，现已有97户扭亏为盈。

比如，难度最大的“分离分流”问题在实践中也取得成绩。太钢是30年代建厂的老企业，企业除了法院什么都有，30所学校、7所医院、12所幼儿园，加上公安、房产等机构共7500人，相当于主业人员的1/4。在市政府的支持下，通过政府和企业共同管理，共同出资，计划用5年时间完成过渡。现已分离汽车运输公司、电讯公司等19个单位，共1.7万多人。目前太原市已有8户企业医院面向社会挂牌营业，企业办学校、医院等社会事业年内将有部分分离出去。重庆市在财政比较紧的情况下，仍积极支持重钢进行分离分流试点，现已取得突破性进展。

企业兼并破产有所突破。为了支持国有企业改革试点。国务院制定了解决“拨改贷”、“兼并破产”等政策，并开始实施，逐步取得经验。如哈尔滨市紧紧围绕结构调整、扭亏增盈和市场的建立，打破地区、行业和所有制的界限，推进企业兼并，取得成效。截至1995年10月初，全市已有188户企业兼并231户企业，有3亿元资产、278万平方米场地、68万平方米厂房得到优化重组，3万名职工得到妥善安置。蚌埠市采取“分步破产”，先挖渠，后放水，有效地解决“一步到位破产”或“被动式破产”中出现的人员安置、资产变现和企业再生产等难题。各地根据实际，搞了很多配套政策，促使兼并破产工作规范化。原来最担心“赖账”，现在看来，只要各级政府都对国有资产认真负责，做好企业、银行等各方面的协调工作，兼并破产工作是一定能够组织实施好的。

以上这些已充分说明，各地对国有企业改革试点是认真的，在难点重点问题上有所突破，取得了一些经验。这是十分难能可贵的。

国有企业改革取得了很大成绩，但估计不能过高。从总体上看，国有企业不适应市场经济的矛盾，制约着国有经济的发展，不少国有企业活力不足，预算内国有企业的亏损面还有40%以上。我们对国有企业改革的艰巨性和长期性要有充分认识，企业改革不可能在很短时间内完成。我们要确定有限目标，因势利导，有序推进。考虑国家承受能力、社会承受能力、企业承受能力，根据五中全会的要求，到本世纪末，大多数国有大中型骨干企业要建立现代企业制度。这个目标有两层含义：一是国有大中型企业，不是所有国有企业；二是骨干企业

不是所有的大中型企业。这个目标的确定，是考虑了方方面面因素的。

改革促进了发展。1995 年国有企业运行情况从总体上看是好的。改革的成效要体现在经济运行上，体现在提高产品质量、降低物质消耗、提高经济效益上。1995 年国有企业的生产增势平稳，1—8 月国有及国有控股企业产值比 1994 年同期增长 10.9%；国有工业企业产销率达 96.54%，比 1994 年增长 1.13 个百分点，高于集体和其他经济成份。但有一个问题，就是增产不增收。当然，企业效益的总体趋势是好的，亏损逐月下降，利润逐月上升。企业的利润下降，国家经贸委分析有四个原因：一是自有流动资金太少，银行得息支出 1995 年比 1994 年同期增加 35%，企业的利润分流了。三是工资支出高了，滥发奖金，反映企业缺乏自我约束的机制。三是能源、原材料涨价。四是折旧多提了。企业效益下降的主要原因是成本上升，这要引起我们高度重视。要苦练内功，在管理上下功夫，努力降低企业成本费用，以巩固改革的成果。

总结经验，进一步加大国有企业改革的力度

本世纪的最后 5 年和下世纪的头 10 年，是我国社会主义现代化建设事业非常关键的时期。要实现五中全会《建议》提出的跨世纪宏伟蓝图，关键是实行两个具有全局意义的根本转变。一个是经济体制从传统的计划体制向社会主义市场经济体制转变，一个是经济增长方式从粗放型向集约型转变。这两个转变，前者是生产关系如何变革，后者是生产力如何发展。两个转变最终都要落实到企业。企业不改革就不能实现这两个转变。国有企业在市场竞争中将面临更严峻的挑战，我们将面临真正的买方市场，过去那种“皇帝女儿不愁嫁”的局面再也不会出现。随着进口关税税率的降低，我们还将面临国际商品的竞争。在这种形势下，国有企业改革搞得好不好，直接关系到两个转变能否顺利进行，现代化建设奋斗目标能否实现。这既是重大经济问题，也是重大政治问题。我们必须从战略高度，深刻认识搞好国有企业改革的重大意义，积极推进国有企业改革。

*第一，要对国有企业改革实行分类指导。*这是五中全会《建议》中提出的一条很重要的原则。国有企业数以十万计，分布在各个领域，企业规模、技术水平、生产社会化程度以及它们在国民经济中的地位和作用大不相同。因此，对国有企业改革不能用一种模式、一种办法，而必须进行分类指导。在工作上，我们要突出三个重点：一是老工业基地的调整；二是搞好优势企业；三是加快小企业改革的力度。

老工业基地国有企业比较集中，工业基础雄厚，综合功能强。如果把像上海、沈阳、天津、武汉、重庆、哈尔滨等这样的老工业基地的国有企业改革搞好，不仅可以使国家几十年积累起来的巨大规模的存量资产发挥效益，而且可以对其他中小城市起到带动和辐射作用。现代经济的发展，要高度重视中心城市的作用，特别是大城市，结构调整余地大，潜力也大，有条件进行综合配套改革。18 个试点城市改革今年进展比较大，就是因为他们从搞活整个国有经济出发，将改革与结构调整相结合，并出台相应配套措施，为企业改革创造了较好的外部环境。

抓住关键的少数，搞活 1000 家企业，这是具有全局意义的大事。国务院决定抓 1000 家企业，其中工业企业有 878 家。这 878 家也不是同时抓，经贸委的意见是当前先集中精力抓 300 家。300 家户数不多，但资产总额占全国预算内工业企业的 46.4%，销售收入占 52%，利各总额占 67%。这些企业是关键的少数，抓好了，就抓住了关键。要创造条件，赋予这些企业充分的自主经营权利，使这些大型企业真正成为市场的主体，成为独立的法人。这些企业搞好了，可以带动一大批企业。大企业有了实力，才有可能兼并其他企业，才能带动整个国有经济结构的调整。

加强国有小企业改革的步伐，三中全会和五中全会都讲了这个问题。国有小企业为数众多，遍布各地，目前存在不少困难和问题。比如，亏损面大、资产负债率高、净资产利润率低，同时企业富余人员多等包袱也很沉重。如何进一步放开搞活国有小企业？党的十四届三中全会《决定》指出：“一般小型国有企业，有的可以实行承包经营、租赁经营，有的可以改组为股份合作制，也可以出售给集体或个人。”江泽民同志最近强调，对一般小型国有企业，要进一步放开、放活，有的可以实行兼并、联合或租赁，有的可以改组为股份合作制，也可以出售。从各省放开放活小企业的实践看，经过改革改组，绝大部分仍然是不同组织形式的国有经济，或者集体经济和合作经济，出售给私营和个体的应是少数。这里要特别强调，一是放开、放活小企业决不是一放了之，撒手不管，放任自流，而是要加强领导，分类指导；二是国有资产不能流失，放开放活小企业不是“一卖了之”，要加强对国有资产的监管；三是对职工要采取负责的态度。

1995 年国务院制定了有关企业兼并政策，这里再强调一下。要从战略的高度看待企业兼并，并加以有力的引导和推进。进入 80 年代以来，世界范围内金额超过 10 亿美元的大型企业兼并已相当常见，其中许多兼并是跨国性的。今年以来，世界性的兼并又出现新的高潮。这是市场经济条件下必然出现的一种现象。兼并不是落后和衰退企业的归宿，而是企业摆脱落后和衰退的起点。兼并可以使劣势企业获得一次重组的机会，使其振兴，同时也可使优势企业获得一次扩张的机会，促使其取得规模效益。现在各地都很重视企业的兼并，这里我想强调三点：一是兼并是一种经济行为，要坚持自愿原则，不能搞“拉郎配”，不能使经济行为变成行政行为；二是要规范化，工作要细，不能借兼并之名，行赖债之实，要对国家财产负责；三是要全心全意依靠工人阶级，只有得到职工的理解、支持，才能做好这一工作。根据当前我国企业的实际情况，要多兼并少破产，这无疑是符合实际的，但是，这并不是说就不要破产。对那些长期亏损、资不抵债、扭亏无望的企业，还是要依法破产。有些破产可以采用整体收购的方式，核心问题是要把人安置好。

*第二，要着眼于提高企业整体素质和竞争能力。*搞好国有企业，必须把改革同改组、改造和加强管理结合起来，才能提高企业整体素质，增强企业活力。江泽民同志在天津视察时，着重讲了五个方面：一是要有好的班子；二是要依靠技术进步；三是要搞科学管理；四是要大力协同，为企业进入市场创造平等竞争的外部环境；五是要全心全意依靠工人阶级。李鹏同志在沈阳视察时也讲到，搞好企业，要有一个好的机制，一个好的产品，一个好的班子。这些方面的工作都是必要的，不能只重视一个方面，而忽视另一个方面。我们要在实践中不断总结经验，坚持下去，取得实效。

这里我想特别强调一下管理问题和领导班子问题。近几年来，各地在加强企业管理方面创造了许多好的经验。比如邯钢，加强成本管理，把成本分解落实到人，使每个人的头上都顶着一个算盘，建立起成本责任制，经济效益取得明显提高。但我们确有不少企业不重视管理，存在“以改代管”的倾向，热衷于所谓改革带来的轰动效应，而轻视企业内部管理，使我们

不少企业出现管理滑坡的情况。现在不少企业厂长经理不重视核算,心中无数,对企业的经营状况缺乏深入的分析。例如现在不少企业反映资金紧,为什么紧?紧在什么地方?资金周转是快了还是慢了?资金利税率是高了还是低了,是什么原因造成的?各项经济技术指标是否达到了本企业历史最好水平?在行业中又处在什么位置?对于这些问题,往往缺少深入分析,心中无数。实践表明,在相同的外部环境下,一个企业的发展,与企业管理水平、企业经营者素质有非常密切的关系。加强领导班子建设是深化企业改革的重要组成部分。一个政治思想素质好、具有开拓精神、善于决策、精于管理的经营者,就能使一个企业由弱变强,由小变大,由亏损到盈利。在山东调研时,我去看了青岛海尔集团。这个集团管理得很好,规章制度很完善,1995 年空调、电冰箱翻一番,产品在市场上很畅销,销售额可以到 41 亿元,30%的产品出口,换汇成本 7.9 元。这和企业的管理、企业经营者的素质都是有很大关系的。

第三,要继续解决企业改革中的重点和难点问题。1995 年,我们在这方面取得了一些成绩,摸索了一些经验,但这仅仅是初步的,还要继续探索,继续努力。解决重点和难点问题要注意:一是要敢于突破。二是面不要铺得太宽,还是搞有限目标。因为现在企业存在的困难不是一时形成的,解决起来有一个过程。过去企业的全部税利都上交,折旧也要交,而且什么打入成本,抠得很死,最后企业就空掉了。这些问题,一下子全部解决不可能。之所以强调解决企业改革中带有普遍性的难点和重点问题,是因为不解决这些问题,企业改革难以跨出步子,更难于深化。

第四,政府要为企业改革创造一定的市场环境。政府起码有三个方面的工作:一是做好规划。这包括产业调整的规划和企业改革的规划。企业面对从卖方市场到买方市场的转变,尤其是面对国际产品激烈竞争的形势,比较优势越来越重要。要扬长避短,有所不为才能有所为,要明确哪些是有所为的,哪些是有所不为的,避免结构调整中"趋同化"的问题。对企业的状况要做分析,哪些企业是重点扶持的,每个城市都要有一个通盘考虑,要有一个规划。二是处理好改革、发展、稳定的关系。尤其是对困难企业和困难职工一定要注意搞好生活保障和安置分流。这个问题不解决,改革、建设、发展都搞不好。这是政府要下大力气做的很重要的一项工作。三是为企业进入市场创造条件。社会保障制度的建立以及机构、人员的分离分流,没有政府支持是办不成的。如学校、医院只好交给政府,交给社会办。分流人员多多少少总归有一些人进入社会,这就要形成一个劳动力市场。

从实际出发,加强对国有企业改革工作的领导

现在,国有企业改革的基本思路已定,难点重点问题已经摸清,解决的办法也越来越明确。我们要按照社会主义市场经济和产业政策的要求,加快现代企业制度建设。这是一项长期艰巨的工作。这就不仅要求我们下大力去抓,而且要求我们改进工作方法和作风。

第一,开拓思路,大胆试验,勇于探索。企业改革要更放手一些,要按照江泽民同志讲的,大胆闯,大胆试,勇于创新,大胆探索。现在中央的方针政策、基本思路都已经明确,下面就看我们怎样结合实际进行创造性的工作。当然中央的方针、政策和思路已经明确,但叫谁拿出一个统一的改革模式来,现在谁也拿不出,只能从实际出发,效果好的就干。国有企业改革,一是要闯,二是要在闯的过程中及时总结经验教训,不成功的,及时改过来。要特别强调实践的重要性,也只有在实践中才能将中央的方针政策具体化,变为可操作的办法,也才能不断深化我们的认识。今后我们指导企业改革的重要方法之一,就是总结实践经验,指导面上工作。因此,要进一步解放思想,勇于实践,大胆探索,这是我们改革能否成功的关键。

我们要认真学习江泽民同志关于搞好国有企业讲话的精神,对于坚持公有制为主体、国有经济为主导要有更深刻的认识。改革开放 17 年,国有经济和其他所有制经济都有很大发展,国有经济始终控制着国家的经济命脉。比如在电力、石油、天然气、石油加工、冶金、化工、交通运输和大型成套设备制造等关系国计民生的重要行业,国有经济都占有绝对的支配地位。金融、通讯、铁路、航空等国家经济命脉领域,更是控制在国家手里。只有坚持公有制经济为主体、多种经济成份并存的发展方针,才能充分调动社会各方面的积极性,推动经济建设和社会事业协调发展,成功地建设有中国特色的社会主义。怎样坚持公有制的主体地位和国有经济的主导地位,江泽民同志讲了三条,主要体现在:一是国家所有和集体所有的资产在社会总资产中占优势。现在,国有和集体的资产加起来是占绝对优势的。二是体现在国有经济控制着国家的经济命脉。三是体现在国有经济对国民经济的发展发挥着主导作用。17 年的改革已经证明,社会主义基本制度是完全可以同市场经济有机结合起来的。对这一点,我们是充满信心的,相信通过改革将进一步增强国有经济在整个国民经济中的主导作用。不改革是没有出路的,也只有在改革中才能不仅在价值形态上,而且在实物形态上壮大国有经济。

第二,注重实效,不搞一刀切。在改革中,不要搞形式主义。不同地区,不同行业,不同企业,改革的侧重点应该有所区别。比如,关于企业制度创新问题,公司化改组问题,前面已经讲到有多种形式,不是一种模式。要从实际出发,哪种形式最适合,就采取哪种形式,不要硬套。每个企业情况大不相同,就是搞同样的产品,哪怕在一个地方也不一样。不能要求一个方子把所有的病都治好。总的原则应当是一致的,具体怎么操作,侧重点在哪里,抓什么工作,应根据自己情况而定,要注重实效。

第三,突出重点,不能一哄而起。"九五"目标已经确定要先搞好国有大中型骨干企业的现代企业制度建设,到 2000 年以后再进一步推开。这是长期的工作,不是一二年,三五年能做好的。总的要求还是突出重点,有计划、有步骤地进行。

(作者:中共中央政治局委员、国务院副总理)

振兴国家财政　深化财税改革

刘仲藜

中共中央十四届五中全会指出，在未来的15年，我国改革开放和现代化建设的战略任务，是建立和完善社会主义市场经济体制，实现市场机制和宏观调控的有机结合，使市场在国家宏观调控下对资源配置起基础性作用。在实现这一战略任务的过程中，不断壮大政府财力，振兴国家财政，增强国家宏观调控能力，对于未来15年的改革与发展，具有十分重要的意义。我们必须站在全局和战略的高度，全面认识振兴财政的必要性和紧迫性，并通过扎实有效的工作，振兴国家财政，为实现国民经济和社会发展"九五"计划和2010年远景目标创造条件。

全面理解振兴国家财政的必要性和紧迫性

改革开放以来，在邓小平同志建设有中国特色社会主义理论和党的基本路线指引下，经过全国各族人民的积极探索和艰苦努力，我国改革开放和现代化建设取得了伟大的历史性成就。国家经济实力显著增强，国民经济市场化、社会化程度明显提高，对外开放总体格局基本形成，各项社会事业取得显著成绩，城乡人民生活不断改善。在这期间，国家财政对经济改革与发展发挥了十分重要的作用：

改革开放初期，由于十年动乱给经济和社会生活造成了严重破坏，经济和社会发展百废待兴，城乡人民生活方面欠帐成堆。国家财政按照党中央提出的"调整、改革、整顿、提高"的八字方针，不仅为解决历史遗留问题方面投入了大量财力，而且通过提高农副产品的收购价格，调整农村税收负担，增加农业发展资金的投入，促进农业迅速发展。同时还在安排城乡就业、增加职工工资、改善居民居住条件等方面付出了巨大努力。现在回过头来看，采取这些措施虽然国家财政出现了较大的赤字，但对于国民经济的恢复和发展、对于经济体制改革的全面展开发挥了重要作用。

为了改革以统收统支为基本特征的财政体制传统和税收体制，充分调动各方面的积极性，促进改革开放和经济发展，15年来，国家财政进行了一系列重大改革。首先是全面改革了工商税制，对国有企业开征了所得税，建立了涉外税收制度和个人所得税制度，突破了过去受传统的计划经济影响的过于单一的税制结构，拓宽了税收调节领域。特别是通过1994年的税制改革，建立了以增值税为主体，消费税和营业税为补充的流转税制，统一了内资企业所得税率，修订和合并了个人所得税，基本形成新的税制框架。其次是改革了财政体制，按照充分调动各级政府理财积极性的原则，先后实行了总额分成、增长分成和各种形式的财政包干制，并且由原来的体制一年一定改为定五年不变。尤其是1994年实行的分税制财政体制改革，使中央和地方财政都有了自己稳定增长的收入来源，既有利于增强中央政府的宏观调控能力，又调动了地方政府发展经济、增加财政收入的积极性。再次是改革了国有企业利润分配制度，先后实行了企业基金、利润留成和两步"利改税"，较多地增加了企业的自主财力。特别是《企业财务通则》和《企业会计准则》的实施及1994年国家与企业分配关系的改革，使企业朝着适应社会主义市场经济的方向前进了一大步。此外，国家财政还积极支持参与了价格、住房和社会保障制度等方面的改革。

经过15年的改革，国家财政实力在不断壮大，有力支持了经济和各项事业的发展。过去15年，伴随着国民经济发展和经济体制改革的深化，我国的财政收入规模不断扩大。1979—1994年，不含债务的财政收入从1146.38亿元增加到5218.1亿元，增长了3.6倍，年均增长10.6%，特别是1994年推行财税体制改革前后，财政收入由过去每增加二三百亿元提高到800多亿元。国家财力的明显增强，使财政在促进经济改革与发展中起着越来越重要的作用。15年来，不含债务的财政支出从1218.79亿元增加到5792.62亿元，增长了3.5倍，年均增长10.6%。这些支出除了满足政府机构运转和国防建设等国家政权建设支出的必要增长外，还大量用于国家重点建设、农业和农村经济发展、国有企业技术改造以及科学教育等各项社会事业的振兴，促进了经济的稳定增长和社会全面进步。15年来，预算内安排基本建设投资8844.49亿元，挖潜改造资金和新产品试制费2455.61亿元，支农和各项农业事业费2591.1亿元，文教科卫事业费7504.3亿元，价格补贴4059.27亿元。此外，为了配合国有企业改革和企业经营机制转换，国家财政还通过各种政策调整，解决了企业的一部分历史负担，增加了企业的可支配财力，为搞好国有大中型企业创造了条件。

今后的15年，是我国现代化建设过程中承前启后、继往开来的重要时期。在这段时间里，我们不仅要建立起比较完善的社会主义市场经济体制，而且将全面完成我国社会主义现代化建设第二步战略目标，并向第三步战略目标迈出重大步伐，为下世纪中叶基本实现现代化奠定坚实基础。改革和发展要求不断壮大财力，振兴国家财政，不仅要为改革和发展提供财力保障，而且要健全财政职能，强化财政管理，提高国家财政的整体素质和水平：

——未来15年，我国的经济体制将实现从传统计划经济体制向社会主义市场经济体制的转变。随着国民经济市场化、社会化程度的不断提高，政府在社会经济管理方面的职能进一步加强，需要在调节经济运行、公平收入分配、协调地区发展、提供公共产品与服务方面具备更强的手段和相应的财力。

——未来15年，我国的经济增长方式将实现从粗放型向集约型的转变。在这一过程中，科学技术的进步在经济发展中起着举足轻重的作用，科技发展的投入和现有企业的技术改造需要国家财政提供一定数量的财力保障。同时，我国现代化进程将进一步加快，产业结构将向更高层次发展，这种以提高经济整体素质和优化产业结构为实质内容的经济建设现代化，需要大量的资金投入，而且在今后一个相当长的时期内，对基础设施建设和基础产业、新兴产业的发展，在增加市场融资同时，也必须依靠国家财政投资和政策性融资来保证。

——未来15年，我国农业的发展对经济和财政至关重要，是关系全局的战略问题。如果农业不稳，而必须依靠进口粮食来稳定市场，对国家财政将是一个极大的负担。因此，我国将重点加强农业基础设施和农村社会化服务体系建设，加快农业科技推广和农业资源的综合利用，改善农业生产条件，增强抵御自然灾害的能力，解决好12亿人口的吃饭问题。要做到这些，除了引导农民增加自身积累外，还需要国家财政投入大量资金。

——未来15年，我国人口增长的压力将进一步加重，“九五”时期，每年大约增加1400万人口，这使得学龄人口比重增大，需要国家财政安排资金解决适龄儿童入学问题。同时，劳动适龄人口增加和老龄人口比重提高也将加大财政支出的压力。

可见，今后一个时期，国家财政在经济改革和发展中的作用将越来越重要。与过去15年相比，国家财政不仅要为经济发展和社会进步继续提供更多的财力保证，更要适应社会主义市场经济体制的要求，深化财税改革，健全财政职能，强化管理工作；并通过实施财政政策，发挥对经济增长和收入分配的影响力，切实履行公共财政职能和对宏观经济的调控职能。

但是，从我国目前和今后一个时期的发展趋势看，处理好财政问题，是制定“九五”计划的一个难题。现在国家财政特别是中央财政相当困难，赤字不断扩大，债务负担很重。主要表现在：

国家财力严重不足。尽管在过去15年中，国家财力有了较大的增长，但与经济的增长相比，财力增长则相对滞后，特别是我们在过去的改革当中，主要以解决集中过多、统得过死的历史积弊为目标，基本上走了一条放权让利的路子，致使财政收入占国内生产总值的比重和中央财政收入占全国财政收入的比重不断下降。1979年，财政收入占国内生产总值的比重为26.7%，到1994年这一比重已下降到11.8%，平均每年大约下降1个百分点。而这一时期的财政支出增长持续高于收入增长，其中“八五”前四年支出平均高于收入增幅2个百分点，财政欠帐越来越多，有些地区已无力维持政府机构的正常运转，有的甚至连工资都难以按时发放。与此时同，尽管1994年财政体制改革以后，中央财政收入的比重有所提高，但尚未达到合理的水平，在各方面的增支压力下，中央财政收支差额越来越大，债务不断增加。1995年当年发债额已达1530亿元，中央财政债务依存度（当年债务发行额占中央财政支出的比例）达到52.8%，如果这种趋势继续下去，2010年财政收入占国内生产总值的比重将在现有水平上继续下降，财政赤字和债务规模都将继续增加，不仅通货膨胀难以控制，经济发展也将受到严重影响。

财政职能弱化的问题十分突出。由于在过去的财税体制改革中，我们较多地注意了分配格局的调整，而在机制转换方面着力不够，因此在新的经济体制下，财政职能弱化的问题日益突出出来。比如，在财政统收的格局打破以后，支出负担格局尚未作出相应调整，国家财政一方面继续承担着一些不应由财政承担的开支，另一方面，一些本应由政府出资解决的公共设施、基础设施建设，却没有充足的财力给予保证；在管理职能的划分上，由于各部门掌握的基金过多，游离于预算之外，国家财政还难以实现对国家财力的统筹规范管理，特别是由于政府其他部门参与分配的情况日益严重，财权和财力分散，很大程度上抵消了财政调控效应，财政政策缺乏完整性，对经济影响力还很不明显。

财政法制建设滞后于社会主义市场经济发展的需要。从财政立法来看，改革开放以来，我国财政法制建设步伐明显加快，但法规体系还不够健全，有些在传统体制下制定的法规，还需要按照新的要求进行清理、修订；有些在新形势下出现的新问题，还需要用法律的形式加以规范。从财政执法来看，目前有法不依和执法不严的情况还比较普遍，每年财政税收大检查都能查出大量的违反财经法纪问题。

以上三方面问题，决不是单纯的财政问题，而是关系到社会主义市场经济体制建设、国民经济健康发展以及社会政治稳定的大问题。我们必须在今后15年当中，通过深化财税改革，健全财政职能，加强财税管理，进一步增强国家财力，实现振兴财政的目标。

振兴国家财政的主要目标

根据中共中央十四届五中全会精神和有关转变政府职能、增强国家宏观调控能力的要求，未来15年，国家财政必须通过完善和深化财税改革，健全和强化财政职能，改进和加强财税管理，进一步调整国民收入分配格局，向振兴国家财政的目标迈出决定性的步伐。振兴国家财政的主要目标和要求是：

壮大政府财力，把财政收入占国内生产总值的比重和中央财政收入占全国财政收入的比重提高到合理水平。国际上通常用财政收入占国内生产总值的比重来衡量一个国家政府向社会提供公共产品及服务的能力。一般来说，财政集中国内生产总值的程度，取决于经济发展水平和政府职能要求，经济发展水平越高，社会对基础设施条件和公共服务水平的要求就越高，适应政府职能需要支配的财力也应当越大。如果国家财力增长不能适应经济规模和政府职能调整的需要，那么政府机构的管理手段就得不到更新，社会基础设施状况和公共服务水平就不能有大的改善，科技、教育等社会事业的发展就会受到很大制约，公职人员生活水平的改善步伐就会放慢，特别是在市场经济条件下，政府财力不足会使国家预算缺乏扩张和紧缩的余地，政府就很难根据宏观经济的需要适时调整财政政策。统计资料显示，自80年代以来，许多国家和地区财政收入占国内生总值的比重均呈上升趋势。而我国财政收入占国内生产总值的比重，在经济持续增长时期却呈不断下降趋势，这是极不正常的。我国是世界上最大的发展中国家，幅员辽阔，人口众多，地区间经济发展很不平衡，而且经济管理体制正处于转轨时期。在这种条件下，要使我国长期保持改革、发展和稳定的大局，顺利实现经济发展的战略目标，就必须保持政府特别是中央政府的权威，而政府的权威在很大程度上地要靠充裕的财力作后盾的。因此，必须调整国民收入分配格局，通过深化财税改革，健全财政职能，加强财税征管，逐步提高财政收入占国内生产总值的比重和中央财政收入占全国财政收入的比重，建立起财政收入稳定增长的机制。

强化财政职能，理顺分配关系，提高政府的宏观调控能力和公共服务水平。按照社会主义市场经济体制的客观要求，政府的经济管理职能要真正转变到制定和执行宏观调控政策，搞好基础设施建设，创造良好的经济发展环境上来，把不应由政府行使的职能逐步转给企业、市场和社会中介组织。把综合经济部门逐步调整和建设成为职能统一、具有权威的宏观调控部门。从总体上讲，财政职能是政府职能的具体体现，对财政职能的调整和强化，是转变政府职能所必要的。目前，我国的政府职能还存在一些不尽合理之处：一是政府与企业存在职能错位，既存在政府包揽企业事务的问题，也存在企业“办社会”和承担公共事务的问题；二是政府各部门职能划分不清，既有重叠，也有空白，这在很大程度上影响宏观调控效应。这些问题反映到财政上，是财政包揽了一些应由企业和社会负担的开支，也存在应由财政负担的开支甩给社会解决的情况，特别是从完善宏观调控体系的要求看，目前财权财力的分散状况，严重影响了财政政策实施的统一性和有效性。

强化财政职能，首先要按照建立社会主义市场经济体制的要求，保证国家财政职能的完整和统一，使国家财政能够通过实施财政政策，运用预算、税收手段和预算内外的综合财力，着重调节收入分配结构，并与货币政策、产业政策相配合，促进经济总量平衡和经济结构优化，促进国民经济和社会的协调发展。同时，要在企业改革和深化政府机构改革的过程中，对政府与企业以及政府各部门之间的职能划分作出必要调整，使之更符合社会主义市场经济的管理原则。

进一步理顺分配关系，是强化政府职能和加强宏观调控的必要条件。1994年财税体制改革，我们按照社会主义市场经济体制的要求，基本确立了财政分配中一些大的体制关系，较好地调动了各方面发展经济、增收节支的积极性。但是，目前的新财税体制还只是一个框架，要在2010年形成比较完善的社会主义市场经济体制，还有许多问题需要研究解决。比如，由于中央与地方事权没有完全划清，在财政管理上还存在中央政府负担地方开支和地方政府负担中央开支的情况；由于各地区情况差别较大，老体制形成的利益刚性较强，合理、完善和规范的转移支付制度尚在形成当中；由于改革采取了渐进过渡的策略，中央财政收入占全国财政收入比重的提高还有一个过程，影响了中央政府的调控能力。

因此，要进一步理顺中央与地方的分配关系，根据中央与地方的事权划分，逐步建立起比较规范的转移支付制度，增强中央政府调节地区分配的能力。同时，逐步规范国家与国有企业的利润分配关系，建立起国有资产经营收益按资分利、按股分红等税后分配制度。

*规范财税管理，硬化预算约束。*社会主义市场经济要求有比较规范的财税管理，尽力减少随意性，从某种意义上说，实现这一要求比改革财税体制要复杂得多，需要我们在规范管理制度和管理手段方面做很多细致的工作。

首先，国家预算要反映国家财政资金收支的整体情况，改革和完善复式预算制度。要按照党的十四届三中全会要求，改革复式预算编列办法。在统一管理政府内外债务以后，要将债务收支纳入预算管理，设立中央偿债基金。此外，要在清理整顿各种基金、收费的基础上，将一切应纳入国家预算的基金都纳入预算统一管理，一些以政府行为征收的行政性收费和有特定用途的预算外资金，应纳入预算列收列支，以保持国家预算的完整性。

其次，要严格各项预算管理制度，坚持自下而上编制和审批预算，保持预算的真实性；坚持按税政权限划分管理收入，逐步取消任何形式的税收减免；坚持对财政支出的严格管理，严格按程序审批预算追加，杜绝随意开支出口子的做法；要淡化和改变一些重点支出增长与国内生产总值或财政支出增幅挂钩的做法。

*健全财政法制，实现依法理财。*市场经济是法制经济，要建立符合社会主义市场经济要求的财政运行机制，就必须高度重视财政法制建设，尽快建立起比较完备的财政法规体系和健全的监督体系。今后一个时期，财政法规建设的重点要放在财政管理及其基础工作的法规方面，并注意相关法规的配套建设。对已经不适应新形势要求的原有法规，要及时清理和修订。同时，要加大严格执法的力度，重视社会监督机构的建设和人员素质的提高。尽快把财政管理纳入法制化的轨道。

实现以上各项目标，涉及到财税管理和经济生活的各个方面，难度是比较大的。关键要抓紧前五年的各项重要工作，妥善处理好前5年和后10年的关系。在第九个五年计划时期，要按照整体推进和重点突破相结合的原则，重点抓好振兴财政的各项基础工作，为后10年铺平道路。作为振兴国家财政的第一步，按照中央的要求，前5年要继续实行适度从紧的财政政策，从开源和节流两方面采取措施，大力增加收入，严格控制支出，做到基本消除财政赤字，严格控制债务规模，并按照经济增长方式的转换，为国家财政的振兴创造良好的条件。

实现振兴财政目标的政策措施

*统一各方面认识，努力振兴国家财政。*振兴国家财政，是今后15年国民经济和社会发展中一项举足轻重的重要任务，圆满完成这项任务不仅将使国家财政实力得以壮大，而且对于实现这一时期的经济目标和政府职能的转变都将起到重要作用。但是，从以往历次财税改革的情况看，实现振兴财政目标是具有相当难度的。因为，在振兴财政的过程中，势必解决财政体制中的难点问题，触及多年形成的利益格局，势必对我们已经习惯的管理制度和管理方法作出相应调整，这难免要触及到各方面的利益。因此，实现振兴财政的目标，仅靠财政部门是不够的，必须在全社会范围内统一认识，达成共识，使各方面能够从改革和发展的大局出发，对这项工作给予支持和配合。

*坚持以经济建设为中心，不断开辟和壮大财源。*经济发展是财力壮大和财政振兴的基础，也是财政振兴的目的所在。未来15年，国家财政将把支持农业发展作为促进经济发展的首要任务，切实加强农业的基础地位，认真落实党在农村的各项经济政策，在保证各级政府不断增加农业投入的同时，引导农民和社会各方面加大农业投入力度。要支持基础设施和基础产业的发展，不断缓解国民经济发展的"瓶颈"制约。要加速科技进步，优先发展教育，促进科技、教育与经济紧密结合，把经济增长转到主要依靠科技进步和提高劳动者素质上来。企业经营机制和经济增长方式的转换，是今后一个时期我国经济工作中重要而艰巨的任务，也是提高财政收入占国民生产总值比重、增强国家财力的根本保证。为了促进企业经营机制的转换，国家财政将在企业改革过程中采取一系列措施，加强企业管理，完善企业财务制度建设，建立健全企业内部约束和会计监督机制，帮助企业扭亏增盈，并加快建立社会保障制度，减轻国有企业的社会负担。同时，还将采取措施妥善处理企业的历史债务和挂帐问题。各级政府支持企业发展的重点将主要放在支持现有企业的技术改造方面，国家财政将制定鼓励科技进步和技术改造的政策，促进产业结构的调整，升级，使经济增长的重点转到提高质量与效益上来。

*完善和深化税收制度改革，强化税收征管。*要继续完善税制，适当调整税率；扩大税基，开征新税，逐步取消税收减免。并按照逐步实行国民待遇原则清理、调整税收优惠政策，对不同所有制、不同地区的企业实行公平税负，以促进企业平等竞争；要改进和加强个人所得税征管工作，逐步提高个人所得税在财政收入中所占比重，增强财政收入增长的内在稳定机制；要进一步完善流转税体系，逐步提高经济增长的税收贡献能力。同时，要通过制定一系列与《税收征管法》相配套的综合征管法规，建立起比较完备的税收法律体系。要进一步完善纳税申报制度，加快税收征管中现代化手段的应用步伐。要加强重点税种和重点环节的税收征管，逐步建立增值税专用发票的计算机交叉稽核制度，建立起一系列有效监控个人主要收支情况的配套制度，逐步形成科学严密的税收征管体系。

*完善和深化分税制改革，进一步规范中央与地方分配关系。*在巩固和完善已经出台的改革措施基础上，未来15年，主

要在两个方面深化改革：一是按照中央与地方事权划分，建立比较规范的转移支付制度。目前中央对地方的税收返还和专项补助等各种形式的转移支付数量已相当大，但这种转移支付主要是在原包干体制基础上形成的，办法不够规范，分配不够合理。因此，要综合考虑国内各方面因素，逐步建立起比较规范的中央财政对地方的转移支付制度，提高经济落 后地区的公共服务水平。二是根据经济发展和税源，税制变化情况，适当调整中央与地方收入范围，逐步完善中央和地方税收体系，并就条件成熟情况，明确税政权限划分。

加快预算管理制度改革，完善复式预算制度。“九五”期间，要改进目前经常性建设性预算的编制办法，编制政府公共预算、国有资产经营预算和社会保障预算。政府公共预算分为政府经常性开支和建设性开支两部分，政府公共预算要坚持收支平衡，不打赤字，出现结余时，用于支付债息和建立中央偿债基金。国有资产经营预算的主要构成是：各种生产性基金收入、国有资产收益、国有企业亏损补贴、国有企业投资以及解决企业历史债务包袱支出。通过国有资产经营预算，加强国有资产管理，防止国有资产流失，同时，要对国有企业进行有计划的再投资，以有利于贯彻国家产业政策和实施地区经济发展战略。社会保障预算的主要构成是公共预算转入的社会保障支出、目前的各项社会保障基金等。

调整财政支出结构，严格支出管理。“九五”期间，要继续执行适度从紧的财政政策，每年支出增长幅度必须低于收入增长幅度，并优化支出结构，提高资金使用效益，到 2000 年基本消除财政赤字。要实现这个目标，中央财政要努力做到收入增长幅度必须明显高于支出的增长幅度，地方财政要按照《预算法》的规定，确保预算平衡。各方面都要坚持量力而行、量入为出的原则，发扬艰苦奋斗、勤俭建国、勤俭办一切事业的精神，反对铺张浪费。同时，要进一步精简行政机构，切实控制和压缩各项行政经费。

各级财政要适应政府职能转变的需要，合理调整支出结构。国家财政预算内投资要逐步退出“竞争性”投资领域，通过压缩一般项目投资，增加对农业、能源、交通等基础设施、基础产业和某些支柱产业、高新技术产业等方面的投资。“九五”期间，预算内基本建设支出要优先保证农业基础设施项目和在建工程。在支持社会事业发展方面，要以“社会公共需要”标准重新界定国家财政的负担范围，实行规范化的管理或对某些支出实行零基预算制度。

*改革国有资产管理体制，强化财政的国有资产管理职能。*今后一个时期，要建立和完善包括产权登记制度、国有资产统计报告制度、产权收益分配和监缴制度以及资产评估制度在内的一整套国有资产基础管理制度。要适应市场经济条件下现代企业制度的特点，摸索出一套符合国情的考核国有资产运营效益的指标体系，定期向社会公布考核结果，并将其作为评价、任免经营管理者的重要参考，要积极探索国有资产收益按资分配、按股分红等税后利润分配办法，将应当上交的国有资产收益纳入国有资产经营预算，并会同有关部门统筹管理产权转让收入。要按照国家宏观调控的要求，通过企业兼并、分立、合资、出售、破产等产权变动行为，调整国有资产在不同地区、不同行业、不同企业的分布，盘活国有资产存量。

*统一管理政府内外债务，调整债务结构。*随着我国市场经济体系的不断发育和完善，国债已经成为实施财政政策的重要手段之一，国债发行的规模和结构，将直接影响财政支出规模和预算执行结果，中央银行开展国债公开市场业务，会影响到市场上的货币流通量，而这两个方面都将对经济产生扩张或收缩的效果。鉴于目前政府内外债管理体制不顺，特别是外债的借、用、还脱节的问题，为了维护我国的良好债信，今后应由国家财政统一管理政府的国内外债务，特别是要尽快实现政府外债的统一归口管理。同时逐步将政府外债纳入预算管理，尽快建立中央偿债基金。国内债务要继续保持适度债务规模，增加内债的发行品种，合理规划债务发行的期限结构。

*加快财政法制建设，建立健全财政监督体系。*改革开放以来，我国在经济改革中先后颁布了一大批财政法规，为维护正常的分配秩序，促进国民经济的健康发展起了重要作用。未来 15 年，我们不仅要建立《财政法》、《税收基本法》、《国有资产法》、《国债法》、《财政监督法》等一些财税管理的基本法法规，用法律的形式规范中央与地方事权划分、税政权限划分以及转移支付制度等大的体制关系，而且要把改革中行之有效的管理措施用法律的形式固定下来，使我们的财政运行进一步纳入法制化的轨道。在加强法制建设的同时，建立起日常监督与重点监督相结合的完备的财政监督体系，也是财政法制建设的重要内容。

（作者：财政部部长）

深化改革　全面提高银行业经营管理水平

戴相龙

加强经营管理和提高资金使用效益

16 年来，我国银行业在改革中发展，为促进经济改革、发展和对外开放发挥了巨大作用。但是，我们也要看到，当前我国银行业经营管理面临着严峻形势。今年 3 月 18 日，《人民银行法》正式颁布实施，《商业银行法》于 7 月 1 日正式施行，全国银行业广大干部职工，要认真学习和执行这两部法律，把握有利时机，切实把工作重点转移到加强经营管理和提高资金使用效益上来，为全面提高银行业经营管理水平而努力。

一、我国银行业在改革中发展壮大。

1984 年，中国人民银行专门履行中央银行职能，建立了中央银行体制。在我国建立和恢复了中国工商银行、中国农业银行、中国银行、中国人民建设银行 4 家专业银行。1987 年以后，我国重新组建了交通银行，新设立了中信实业银行、中国光大银行、华夏银行、招商银行、广东发展银行、福建兴业银行、深圳发展银行、上海浦东发展银行等一批商业银行。1994 年组建了国家开发银行、中国进出口银行、中国农业发展银行等 3 家政策性银行，国家专业银行开始改为国有商业银行。到今年 5 月底，已设立外资和中外合资营业性银行机构 114 家。经过多年改革，我国已形成了以中央银行为领导，国有商业银行为主体，国家政策性银行和其他商业银行分工协作的银行服务体系。

银行业在改革中不断发展壮大，已成为促进国民经济发展的主要资金渠道，成为国家宏观经济调控的重要杠杆。到去年底，全国银行业（不含人民银行）总资产约6.8万亿元。其中，工商银行、农业银行、中国银行、建设银行4家银行的总资产约5.8万亿元，占85%。银行业贷款余额达32921亿元，是1990年的2.16倍，年均增长21.3%，全国银行业（不含人民银行）在全国城乡已有营业机构15万个，职工170万人。1984年到1994年，11年创造利润3000亿元。银行所有者权益，1984年为740亿元，1994年为2917亿元。据英国《银行家》杂志公布，1993年按巴塞尔协议规定的核心资本数量排列，中国工商银行、中国银行、中国人民建设银行、中国农业银行、交通银行分别名列世界1000家大银行的第7位、21位、47位、54位、155位。

银行业的经营管理得到逐步改进，1987年以来成立的商业银行，基本实行资产负债比例管理和风险管理。在深圳等地区，对银行业实行了资产风险管理，推行了贷款证制度。1993年，银行业实行新的金融保险企业财务制度。1994年，人民银行制定和实行了新的信贷资金管理办法，制定了商业银行资产负债比例管理考核指标和考核办法。各银行制定了资产负债管理实施细则。现在，《中国人民银行法》、《商业银行法》、《票据法》已颁布实施，贯彻落实这些新的金融法规和管理方式，必将把我国银行业的经营管理提高到一个新的水平。

二、当前银行业经营管理中面临的主要问题

在充分肯定16年来银行业改革、发展取得很大成绩的同时，我们要认真分析当前银行业经营管理中存在的主要问题和面临的严峻形势。一是逾期贷款比例较高。二是资金周转速度减慢。三是经营效益下降。1994年，4家专业银行贷款余额比1992年增长28.4%，但实现利润却逐年下降。四是自我发展能力不足，到1994年，4家专业银行（老口径）贷款余额30534亿元，比1985年增加24646亿元，年均增长20%；而同期，4家银行的所有者权益年均增长13%左右，低于贷款的增长幅度。五是经济案件不断发生。

这些问题的存在，一方面扩大了货币发行，增加了通货膨胀的压力；别一方面降低了银行自我发展能力，给银行业带来巨大风险，损害了国家银行的信誉。我们必须充分认识这些问题的危害性，清醒地看到提高银行业经营管理水平的迫切性，要采取切实措施，在强化银行业经营管理上真正下功夫，花力气。

三、必须把银行工作重点转移到加强经营管理和努力提高资金使用效益上来

上述问题的存在，既有外部原因，也有内部原因，但从银行来讲，更主要的是分析内部原因。外部原因主要是：长期以来，固定资产投资和消费基金增长过快，国民经济整体效益较低；银行的经营自主权没有真正落实，倒逼银行增加无效或低效贷款，导致短期资金被长期占用和信贷资金使用财政化；在把银行办成金融企业方面，缺少必要的外部条件；近几年，有些企业在“转制”过程中随意逃债，使银行不良贷款进一步增加；加上实行保值储蓄，银行经营管理面临严峻形势。内部原因主要是，银行体制和经营管理不适应社会主义市场经济的发展要求：一是粗放经营，注重扩大资产规模，忽视内部管理；二是偏重放权搞活，服务多功能，分支行甚至以独立法人身份从事业务活动，忽视了分业经营、削弱了总行对全行业务、资金的集中统一管理能力；三是在计划经济体制下形成的信贷资金供给制没有得到及时改变、新的管理办法股及时建立；四是没有认真执行行长负责制，内部管理松弛。管理费用和固定资产投资大量增加。

当前、银行业全体职工，特别是各家银行总、分行领导同志，要进一步提高认识，转变观念，坚定不移地把工作重点转移到加强经营管理和提高资金使用效益上来，加强银行业经营管理是银行自身发展的需要，是一家银行兴衰存亡的关键。随着社会主义市场经济的发展，企业之间、银行之间竞争扩大，一个银行如不改进经营管理，就不能赢得客户的信赖，就没有自我发展能力，在国内外金融市场竞争中就处于不利地位，甚至有破产或被兼并的危险。加强银行业经营管理是支持国民经济持续、快速、健康发展的需要。银行业不只是一个行业，而是现代经济的核心，是国民经济的命脉，只有加强经营管理，才能提高银行系统的服务水平，更好地支持社会生产、流通的正常运行，加强银行业经营管理是强化宏观经济调控的需要。只有加强经营管理，发展规范化的商业银行，才能完善金融市场，使中央银行的货币政策顺利贯彻。在当前国际金融业竞争越来越激烈的情况下，我国的商业银行必须加强管理，使业务管理制度和国际惯例接轨，才能适应对外开放的新形势，才能增强我国银行在世界上的竞争力。

深化金融体制改革

《商业银行法》的颁布实施，为我国银行业稳健发展奠定了法律基础，也为商业银行动作提供了准则。我国银行业要奋发图强，深化改革，到本世纪末或更长一段时间，使我国商业银行经营管理方式和国际惯例接轨，把工、农、中、建4家国有商业银行建成具有国际经营管理水平的大型商业银行。

一、建立规范化的商业银行是发展社会主义市场经济客观需要

从一般概念来说，商业银行是以吸收活期存款为主要资金来源，以发放贷款和办理结算为主要业务，并以利润为经营目标的金融企业。我国商业银行是建立在公有制基础上的，以吸收企业和公众存款、发放贷款和办理结算为主要业务的经营货币的金融企业。

建立商业银行是发展社会主义市场经济的客观要求。1992年，党的十四大决定建立社会主义市场经济体制，并对建立现代企业制度，发展市场体系，改善宏观调控，提出了具体要求。为了适应新的经济体制，必须把国家专业银行的政策性业务划分出去，1994年成立三家政策性银行，国家专业银行则改革为国有商业银行。发展商业银行，有利于改进对企业的服务，促进企业制度改革；有利于银行建立自主经营、自担风险、自负盈亏、自我约束机制、提高资金使用效益；有利于发展金融市场、建立以间接调控为主的宏观调控体系，建立一个管理水平高、经营稳健、实力雄厚、管理先进的商业银行体系，是促进国民经济持续、快速、健康发展的基本条件，是建立社会主义市场经济体制的重要标志。

二、我国商业银行的基本要求

在社会主义市场经济条件下，如何发展我国的商业银行，我们还缺乏经验，需要在实践中不断探索。总结我国专业银行企业化改革和一批新建商业银行的实践经验，我们认为办好我国商业银行应遵循如下基本要求：

第一，在所有制结构上，以国家独资或控股的国有商业银行为主体，同时发展一定数量公有股份为主，由企业法人和城乡居民参股的股份制商业银行。

第二，在业务功能上，以存款、贷款和结算为主要业务，实行本外币和长短期信贷综合经营。在现阶段，商业银行不得在境内从事信托投资和股票业务，不得对非银行金融机构和企业投，不得投资于非自用不动产。目前商业银行已向非银行金融机构和企业投资的，由国务院另行规定实施办法。

第三，实行稳健经营的方针，在严格执行金融法规和国家产业政策，保证资产安全性和流动性的前提下，通过增收节支，争取最好盈利水平，为国家增加积累，壮大银行实力，促进国民经济发展。

第四，建立“自主经营、自担风险、自负盈亏，自我约束”的经营机制，商业银行依法开展业务，不受任何单位和个人的干涉。商业银行应逐步形成自己的基本客户，同时开展公平竞争。

第五，实行资产负债比例管理和风险管理。商业银行必须遵守《商业银行法》和中央银行的有关资产负债比例管理的具体规定。

第六，按照经济效益和业务量大小设置分支机构。过去已经按照行下区划设置的机构，今后要按《商业银行法》的规定逐步改变。实行总行垂直统一领导、集中管理、分级经营、行长负责的经营管理体制。分支机构不具有法人资格。

第七，不断提高银行职业道德水平，对企业既热情服务，又要严格监督；银行间既实行公平竞争，又密切合作；银行从业人员以行为家，敬业爱业，遵纪守法；银行职工之间，领导与职员之间相互尊重。

三、逐步把国家专业银行建成具有国际经营管理水平的商业银行

1987 年以来，我国先后建立的以交通银行为代表的一批商业银行，在提高资金使用效益性、安全性和流动性方面创立了良好业绩，为支持经济发展作出了积极的贡献，为我国发展商业银行进行了有益的探索。这些商业银行要严格执行《商业银行法》，坚持稳健经营的方针，争取在我国银行业的改革和发展中作出新的贡献。

工、农、中、建行 4 家银行是我国银行业的主体，过去在支持国民经济发展中发挥了主力军作用，在企业化改革方面进行了认真的探索。当前，我国商业银行改革的攻坚任务是，把工、农、中、建行改革为规范化的商业银行，发挥国有大银行在我国银行体系中的主导作用。改革步骤是：第一步，到明年底，使这 4 家银行经营管理水平有明显提高；第二步，到本世纪末或更长一点时间，把 4 家银行建成具有国际经营管理水平的商业银行，即银行经营管理方式与国际惯例接轨，全面实资产负债和风险管理，资金实力雄厚，员工素质比较高，经营管理手段比较先进的国际大银行。为此，当前要解决好国有商业银行改革中的几个重大问题：

一是清产核资，摸清家底。这是把专业银行改革为商业银行的一项基础工作。按照国有资产管理局的部署，今年，各家银行要认真做好本系统的清产核资工作，第一，在普遍清理贷款资产的基础上，认定和登记不良贷款，要求各行按照规定的标准，对截止 6 月底的逾期贷款、呆滞贷款、呆帐贷款，在 9 月底前做好认定工作，要农笔登记，并填报贷款质量监控表。把不良贷款逐步由信贷部门登记上报，改为由会计、信贷部门提供数据和情况，由稽核部门审核，按规定权限认定后上报。第二，要对企业实行租赁、承包、转让、兼并等各种经营方式后的银行债权，逐个企业、逐笔贷款进行落实。凡是不落实的，要补办各种手续。对明知银行债权已被悬空，而不制止、不上报的，上级行要追究有关分支行的责任。第三，对各项帐外资产，要认真清理，及时入帐。

二是落实银行经营自主权，依法处理不良贷款。自《商业银行法》实施后，商业银行要自主发放贷款，任何单位和个人不得干预。同时，各家银行要对贷款发放和收回负责。对原有不良贷款要区别情况，分别处理。第一，要指定专人对逾期、呆滞贷款组织催收，对有条件而不归还的借款人，要进行必要的信贷制裁，或者依法起诉。第二，对资不抵债、不能偿还债务的企业依法申请破产时，银行作为主要债权人，要参加债务清偿小组，按规定的条件、程序冲销呆帐。第三，按照银发[1995]130 号文件规定，好的企业兼并连续三年亏损、贷款逾期两年的企业，银行可对被兼并企业利息酌清实行免减，但兼并企业要在 5 年内还清被兼并企业的原欠贷款本金。第四，降低国有企业的资产负债率，要以企业增加积累和调整资产存量结构为主，商业银行的贷款不能转为股本投资。第五，对有逾期、呆滞贷款的企业，银行在贷款上实行区别对待，择优扶持。对有逾期贷，但产品有市场，有效益的企业，可以酌情支持；对呆滞贷款较多的军工、森工、纺织、煤矿等企业，生产有市场、有效益的产口，可以限量贷款，与企业原来的贷款分开，专款专用，同时，逐步收回原来贷款。对不能偿还银行贷款的企业，坚决不再贷款。

三是逐步实行资产负债比例管理和风险管理。总的改革方向是，人民银行要把对贷款规模管理转变为运用各项货币政策工具调控货币供应量。今明两年，国有商业银行继续实行贷款限额控制下的资产负债比例管理，同时建立和实行资金统一调度制度，资金成本利润分析制度，贷款质量监测制度，风险阴防范制度。然后，积极创造条件，全面实行资产负债比例管理。人民银行要运用多种货币政策工具调节货币供应量。各家银行要逐步提高资本充足率。是通过增加利润来增加公积金，壮大资本。通过提足呆帐准备金、投资风险准备金、坏帐准备金，对现有固定资产评估增值等，增加附属资本。推行抵押担保贷款，扩大风险小的资产的比重。

四是合理调整分支机构。工商银行、中国银行、建设银行的贷款对象应逐步转入国有大中型企业，转入大中城市。商业银行设置分支机构要注重规模效益，减少管理层次。

五是加快培养一大批领导和管理国有商业银行的人才，造就一批银行家。参照国际著名商业银行的培训教材，编写出我国标准通用的《商业银行实务》、《商业银行经营管理》，对各级行员、行长进行系统培训。

加强内部基础管理

针对当前存在的问题，近两年各家银行，特别是国有商业银行，在经营管理方面要做好下列工作：

一、加强计划管理，提高资金使用流动性，逐步实现资金使用自求平衡。

要进一步改革商业银行的计划管理方式，从传统的、单一的信贷计划管理为主，转向以资金、成本、利润为主的业务综合经营计划。

商业银行要认真制定和执行年度与季度存贷款计划，提高资金的自求平衡能力。国有商业银行新增贷款，原则上由自己组织存款解决。对过去向中央银行的借款，中央银行将视货币政策需要和各家银行的头寸进行调控。进一步改进存款准备金制度。经过努力，要求国有商业银行资金使用做到全额自求平衡。对国有商业银行的流动比例，存款备付率，固定资本比率等进行考核。

商业银行要认真编制和执行资金营运计划，提高对全行资金使用的统一调度能力。必须明确，商业银行的分支机构不具备法人资格，要绝对服从上级行的各项业务指令，资金余缺由上级行统一调度。商业银行要对其分支行核定并考核备付金最低限额、汇差资金占用最高限额、建立资金头寸预测制度等。商业银行向中央银行借款，必须提交资金头寸使用调拨计划。

商业银行要认真编制和执行业务经营综合计划。按照存贷款计划和有关利率、财务制度，编制资金、成本、利润计划，然后相应编制劳动工资、机构设立、固定资产投资计划，使业务发展和自身管理水平、物质条件相适应。

二、全面实施《贷款通则》，提高贷款质量

中国人民银行依据《中国人民银行法》、《商业银行法》等法律，制定了《贷款通则》，并在下半年开始实行。实施《贷款通则》的目的是维护借贷双方权益，切实保障信贷资产的安全。明年要正式实施《贷款通则》，同时，各家银行要制定适合本行特点的贷款管理细则。

银行的信贷资金要由供给制改为自主经营制，由主要发放信用贷款转向担保贷款，从条块分割使用资金转向按效益原则自主择优选择贷款项目。认真执行审贷分离制度和一个企业选择一个商业银行营业机构开立基本帐户的规定。在沿海经济发达地区和大中城市，推广贷款证管理制度。各家银行分支行应成立贷款审查委员会，加强对贷款的审查。上级行要对所辖分支行下达并考核逾期贷款度、呆滞贷款率、呆帐贷款率和资金周转率、贷款收息率指标。

银行要不断改善金融服务，要加强信贷监督。上半年要建立好全国1000户大型企业的生产经营和资金运行信息网络。进一步严肃结算纪律，加快资金周转。要严格按规定条件控制固定资产贷款。

三、加强财务管理，提高盈利水平

各家商业银行要制定和推行成本利润分析制度；认真执行财政部制定的《金融保险企业财务制度》，降低经营费用开支，提高银行盈利率，增加银行积累；商业银行上级行要对下级行进行内部财务稽核，认真检查分支行的财务收支。各级行要及时上报“商业银行季度财务收支快报”和年度决算、财务状况说明书。要考核各家银行利润率、资本利润率、成本率、费用率等经营指标。各家银行总行对分行也要下达具体的经营考核指标。

四、建立和健全银行内部控制制度

要把建立和健全内部控制制度与加强“三防一保”工作有机地结合起来，在深入持久地开展“三防一保”工作的同时，各行要完善和认真实施会计、信贷、出纳等各项业务规章制度和岗位操作规程；明确各有关部门、岗位的授信和对外支付权限及责任；对要害岗位、重要凭证要严格管理；大额贷款和对外支付以及开办新的业务都必须实行逐级报告审批制度。上级行要对所属分支行定期审计稽核。对有关领导和有关部门干部的调出，进行调离审计。

五、实行行员制，加强劳动工资管理

商业银行要全面实行行员制。各分支行做好定编、定岗、定(职)责工作；对职员实行考核、录用、上岗前培训、部门轮换、岗位轮换、内外勤轮换制度。对银行职员的培训，要从以证书培训为主，转向以实用业务技术培训为主。要逐步改变收入平均分配的情况，实行奖惩制度。

要控制国家银行职工人数过快增长。今明两年，各行要对不适合留在银行的人员进行分流；对业务工作不称职的人员进行下岗培训；撤销或合并重复设立或业务量不足最低限额的营业机构，使各行为员总数基本不增加。

六、建立以行长为首的经营管理领导指挥系统

各家银行要在总行垂直领导下，实行下级行对上级行负责，部门对行长负责，副行长协助行长工作，逐级实行行长负责制。同时，要充分发挥党组织对开展金融工作的政治保证作用，依靠职工改进经营管理。

争取到明年上半年，国有商业银行都要建立监事会，按照《商业银行法》的规定，强化商业银行内部监督职能。监事会要对国有商业银行的信贷资产质量、资产负债比例、国有资产保值增值等情况以及高级管理人员违反法律、行政法规或者章程的行为和损害银行利益的行为进行监督。

加强中央银行对商业银行经营管理的监督

各级人民银行的职工要向商业银行学习经营管理知识，改善对商业银行的服务，同时，根据《中国人民银行法》和《商业银行法》的规定，对商业银行的经营管理要加强监督。

一、严格控制货币供应量的增加。人民银行和各家银行共同配合，要努力实现国务院确定的今年贷款、现金发放控制目标和货币供应量监控目标。

二、依法审批商业银行的设立、变更、终止及其业务范围。成立商业银行及其分支机构、各类营业机构，必须经过人民银行批准。已经擅自设立或越权批设的机构，要按1994年金融监管会议明确的规定予以清理、撤并。最近几年新设立的商业银行，要严格执行资产负债比例管理和风险管理，要按规定对原设分支行补足营运资金，在此条件下才可批准逐步增设分支机构。各银行一定要认真做好与所办信托投资公司的脱钩工作。各家银行所设房地产部、国际业务部(外汇业务部)、信用卡部是内部业务部门，不能办成独立的法人。

三、及时监督商业银行资金使用的流动性。人民银行各分支行要按规定监督商业银行及其分支行按时交存准备金。会同商业银行上级行核定当地商业银行分支行的存款备付率，不足部分要督促各分支行及时补充。

四、监督商业银行提高贷款质量。检查商业银行是否按照《商业银行法》、《贷款通则》所规定的条件和程序发放贷款，有无通过降低贷款条件为单位或个人谋取利益。要跟踪分析商业银行逾期贷款、呆滞贷款、呆帐贷款的变化，对大额不良贷款要进行专项审计。

五、监督商业银行执行利率政策和金融企业财务制度，逐步提高盈利水平。商业银行不得违反人民银行规定提高或变相提高存贷款利率。督促商业银行按规定充实资本金和对其分支行拨付营运资金。商业银行要按规定提足呆帐准备金，不得以应提不提、应支不支、应收不收而制造虚假利润。

六、督促商业银行按规定时间报送有关报表和业务资料。商业银行应按月向当地人民银行报送会计月报表，信贷月报表；按季报送资产负债表、损益表、资产质量监控表，以及各种业务资料。对以上报表，人民银行要分别指定专门机构保管，有关业务部门共同运用，按职能分工对商业银行业务经营活动进行分析研究，发现问题要及时查处。

七、认真审查商业银行及其分支行主要负责人的任职资格。各级人民银行要根据《关于银行机构主要负责人任职资格的审查办法》，认真审查银行机构主要负责人的任职资格。对不符合任职条件的，人民银行不予批准；人民银行尚未同意的，有关银行不准任命，不准登报。人民银行要结合对商业银行总行及分支行业务经营的监督，对各级行长领导能力、业务水平、法纪观念、道德品质进行了解，建立相应的负责人档案。对违规违章经营失误造成金融资产损失或有其他违法行为等，不再具备担任银行机构主要负责人资格的，要向其上级行提出更换建议。

八、对商业银行进行年检。今年对银行机构的年检重点检查业务范围、资本充足性、资产质量、经营行为和财务经营成果。对年检合格的商业银行，由人民银行正式公告。建立有关商业银行年检和日常检查的资料及结论的档案；对未通过年检的，要提出警告或暂停其部分业务，限期整顿。商业银行要增加经营管理成果的透明度，接受股东以及社会的监督。

政策性银行是我国银行业组织体系中的重要组成部分。由于他们刚刚成立不久，对政策性银行的管理，还处在起点和控索阶段。根据国务院关于金融体制改革决定的精神，我们要明确：第一，政策性银行也是银行，具有银行基本属性，要坚持自主经营、自我约束。政策性银行的贷款也要坚持有借有还、按期收回、还本付息的原则。第二，政策性银行要为实施国家产业政策服务，在经营上要实行保本微利的原则，国家要在财政、资金筹集方面予以支持。第三，政策性银行要充分运用商业银行的分支机构开展委托业务。各家商业银行对代理的业务，要视同自有业务一样，按委托方要求认真办理。

（作者：中国人民银行行长）

在规范中积极稳步发展中国证券市场

——访中国证券监督管理委员会主席周道炯

刚刚过去的1995年，是我国证券、期货市场大力强调规范发展的一年。如何看待我国证券市场去年的发展变化，证券市场今后将怎样发展？日前，国务院证券委常务副主任、中国证券监督管理委员会主席周道炯就这些问题在他的办公室接受了本报记者的专访。

中国证券市场在规范中稳步发展

记者：周主席，回顾过去，您对一九九五年中国证券市场的发展有何评价？

周道炯：1995年是我国证券市场在规范中稳步发展的一年。去年5月，朱镕基副总理亲自主持召开了国务院证券委第五次会议。根据这次会议的精神，我们于6月召开了第一次全国证券、期货监管工作会议，结合证券、期货市场处于试点阶段的特点，明确了1995年及今后一段时期监管工作的方针，即“证券、期货监管工作必须紧密围绕抑制通货膨胀，配合企业改革，坚持先试点后推广、宁肯慢务求好的原则，加大监管力度，完善法规制度，规范市场行为，抑制过度投机，在稳定中求发展”。按照这一方针，去年我们会同有关部委代起草了《关于股份有限公司境内上市外资股的规定》（即关于B股的规定），去年12月25日国务院李鹏总理明令颁布实施。根据这个规定，我们正在修订有关实施细则，拟于近期公布。此外，我们出台了《证券经营机构自营业务管理暂行规定》、《证券业从业人员资格管理暂行规定》等一批部门规章和内部规定，另外，《证券交易所管理办法》也在修订过程中。

我们在注重法规建设的同时，加大了监管和执法力度，设立了稽查部，定期召开由中国证监会主持、沪深证管办及交易所几方面参加的稽查工作会议，通报情况，研究问题。调查处理了包括“327国债期货事件”、“长虹事件”在内的22起违规事件，其中向社会公开了8起，吊销了2家期货经纪公司《期货经纪业务许可证》，取消了2家期货经纪公司从事期货经纪业务的资格，暂停了长春联合商品交易所营业资格，这些举措对建立正常的市场秩序，保护投资者利益起到了积极作用。此外，各地证管部门积极贯彻全国证券、期货监管工作会议的精神，在规范当地证券、期货市场，协助中国证监会调查违规案件等方面做了大量的工作，取得了一定成效。

在加强规范化建设的前提下，1995年我国证券市场继续稳步发展，全年共上市A股21只（其中属历史遗留问题的11只），新发行并已上市A股的上市总额约5.1亿元；发行B股12只，筹资总额约4亿美元；发行H股2只，筹资总额约3.8亿美元。沪深两地证券交易所上市公司达323家，境外上市公司达20家。

去年，中国证监会加强了内部思想建设、组织建设和制度建设，完成了内部机构“三定”工作，充实了会、部两级领导班子，建立必要的规章制度，各项工作正在有序地向前推进。当然，我们也还存在许多不足之处，欢迎各方面监督。

加强法制建设，实行适度扩容政策

记者：您对证券市场今后的发展有何看法？

周道炯：党的十四届五中全会指出，在“九五”期间要“积极稳妥地发展股票和债券融资”。近期，朱镕基副总理在考察上海证券交易所时，又对证券市场的发展提出了“法制、监管、自律、规范”的八字方针。根据五中全会的精神和朱副总理的八字方针，我们拟从以下几个方面入手，进一步加强市场的规范化建设。

首先，要加强法制建设，完善管理办法 我们经过几年的努力，已经陆续出台了一些法规，但尚有欠缺，今后我们要在对部分上市公司、证券公司、期货经纪公司以及其它中介服务机构的经营状况等进行深入调查研究的基础上，找出现行规章制度中的不足，加以修订完善，同时研究制定新的法规、规章。

其次，以规范化为核心，加大监管力度 做到有法必依，执法必严，违法必究，坚决打击那些扰乱市场秩序的害群之马，严重违规和屡犯不改的要清除出场。在加强市场规范方面，不仅要依靠政府部门，还要依靠自律性组织；不仅要依靠监管部门，还要依靠筹资者和投资者。国务院证券委和中国证监会将对各省、自治区、直辖市和计划单列市证券管理部门授予必要的监管权限，使其对本地区证券、期货市场的日常监管负起责任。此外，要进一步理顺证券、期货交易所管理体制，充分发挥他们的一线监管作用。同时，要建立和完善行业协会，今年上半年，我们准备成立期货业协会，并完成证券业协会的改组工作，在组织机能上保证行业协会发挥其自律监管的职能。在合理分工的基础上，充分调动各方面的积极性，加强协作，进一步搞好市场监管。

第三，自律是市场参与者应共同遵守的准则，不论是证券公司、上市公司还是证券交易所都要提高自律意识，加强自律管理 这也是市场健康发展的必要前提之一。证券公司要加强外部风险控制，完善内部制度，注重培养和提高从业人员的职业道德和专业技能。上市公司要依法运作，完善法人治理结

构，搞好信息披露工作，公司董事、监事、经理及其他高级管理人员要勤勉尽责，廉洁自律，诚心诚意为全体股东服务。证券交易所要面向全国、服务全国，完善内部管理，不断提高规范水平。事实表明，发展是硬道理，而发展的前提必须是规范，即从监管者到从业者，从筹资者到投资者都要遵循客观规律，依法办事。

第四，在规范的基础上促进市场稳步发展　逐步扩大市场规模是市场健康发展的内在要求，也是国民经济发展的需要。1996年，我们将继续实行适度扩容的政策，根据市场情况，认真审核，将各地和中央有关部门推荐的企业逐步推向市场。去年下达的55亿发行额度，可结转到1996年使用。

按照国务院颁布的《关于股份有限公司境内上市外资股的规定》，审批一批符合条件的企业的各项准备工作，到海外上市。

证券市场宣传要完整准确、实事求是

记者：新春之际，请周主席就证券专业报刊如何作好证券市场宣传工作提点希望和要求。

周道炯：证券专业报刊在推动证券市场健康稳步发展方面负有义不容辞的责任。这些年来，这些报刊在宣传证券市场法规、普及证券专业知识和推动市场规范化建设方面，做了不少有益的工作，首先要向新闻媒体表示感谢，但也要坦诚指出仍有一些缺点和不足。为使新闻报道更有利于证券市场的建设，我认为还应加强以下几个方面的工作：道先，要完整、准确地宣传党和国家有关证券市场发展的方针政策；其次，要实事求是地对证券公司、上市公司的行为进行引导和必要的舆论监督；第三，要致力于普及法律、法规和专业知识，增强投资者的风险意识和依法投资及自我保护的意识；第四，要广泛介绍其他国家和地区先进的监管经验。最后，我要特别强调证券新闻工作者要坚决贯彻执行江泽民总书记最近关于新闻工作者必须讲政治，具有良好的政治素质，具有很强的政治鉴别力和政治敏锐性，树立高度的政治责任感的指示，严格遵守政治纪律和职业道德，做好证券市场宣传报道工作。我相信，通过大家的共同努力，我国的证券市场一定会在规范中积极稳步地发展。

（采访记者：中国证券报社　阎梅）

关于证券市场的几个问题

杨祥海

就任上海证券交易所总经理一职已经两个多月。从证管办到交易所，从政府主管机构到市场第一线，以我来说的确存在一个角色转换与重新定位的过程。两个月来，在处理交易所日常事务的同时，我把较多的精力用于调查研究，致力于熟悉和把握上海证券市场的过去与现在，着手规划这个市场的未来。期间，曾多次召开有各方人士参加的市场发展恳谈会，获益匪浅，同时也促使我对上海乃至整个中国证券市场的若干问题作一些认真的思考，并形成一点初步的想法。

对前五年市场发展的评价

再过20多天，上海证券交易所即将迎来她的五周岁生日。五年来，她以惊人的步伐，推动着上海证券市场蓬蓬勃勃地向前发展。上海证券市场已经成为全国证券市场的中心，成为我国初具规模的社会主义市场经济体系中一个表现活跃、成绩显著的要素市场，成为一颗世界金融市场所瞩目的新星。

在回顾和总结证券市场五年发展历程的时候，我们应当对第一代拓荒者致以崇高的敬意，正是他们用智慧和汗水创建了这个市场，并且大胆探索，勇于开拓，使这个市场得到了快速的成长。中国证监会主席周道炯曾用“功不可没”四个字来概括。市场也将永远铭记他们的功绩。对他们在工作中的一些失误甚至错误，应从历史的角度取一种宽容的态度。因为他们所从事的事业，是一项探索性很强的事业，发生一些失误是在所难免的。对于我们这些后继者来说，第一代拓荒者留下的成就与教训，都是我们的巨大财富，都是市场进一步发展的基础和动力。

关于证券市场的形象

尽管证券市场在其发展进程中所取得的成就及其对中国经济的推动都是有目共睹的，但是这并不意味着这个市场已经确立了自己的形象。相反，人们在谈论这个市场时，更多谈及的常常是炒买炒卖、大起大落、投机、违规、风险、犯罪等等。这些消极的东西固然存在，但绝非是这个市场的主流。

或许是出于我对这个市场的特殊感情或者偏爱，从我开始接触证券市场工作三年多来的感受，觉得我们应更全面、更客观、更公正地来审视这个市场。且不说证券市场为探索建立中国特色的社会主义市场经济体系和发展中国资本市场所作贡献，以及为经济建设筹集奖金方面所发挥的巨大作。仅就我所看到的，如广大投资者踊跃参与证券市场，虽然他们承担着巨大的风险甚至付出了一定的代价，但仍然对市场的发展一往情深；众多上市公司在接受产品（商品）市场挑战的同时，又面临着证券市场的考验，仍然兢兢业业地承担着市场的责任；许许多多证券从业人员为将这个市场不断推向前进，四处奔波，不计报酬地加班加点直到深夜，而毫无怨言。在上海证券交易所内部，至今仍坚持定期晚上组织政治学习、礼品一律上交、办公会议安排在晚上召开等等好的传统。我以为所有这些才是这个市场的主流。而这一切正是中国证券市场进一步发展的真正希望之所在

对证券市场所处阶段的认识

当前市场上流行一种说法，认为中国证券市场发展的第一阶段已经结束，现在进入发展的第二阶段，并且概括第一阶段以发展、速度、规模为主要标志，第二阶段以规范、质量、均衡为主要标志。我并不很赞成这种说法。从某种意义上说市场发展的第一阶段可能是结束了，但第二阶段是否开始，很有研究的必要。现在从整个市场来说，我总的感觉似处于过渡阶段，目前我们做的只是一些过渡的、准备的工作，承前启后的

工作。一方面，经过几年来的高速发展，市场已具有一定的规模，同时也产生了一些问题，堆积了不少矛盾，需要进行反思、改进和完善；另一方面，现在的市场规模在我国国民经济中的份量还很小，离社会主义市场经济建设的要求还有相当大的差距。就上海证券市场而言，距离把上海建成国内、国际金融中心地位的战略目标还有漫长的路程，需要不懈地开拓和发展。认清这一点我认为是很重要的，因为这涉及到我们下步工作基调怎么定，工作取向、重点工作、主要方向怎么定。把形势的阶段性认识清楚，认准方向，这是做好工作非常重要的前提。依据这样一种认识，我觉得我们现阶段的主要工作就该是整合：整理思路，清理问题，协调关系，形成合力，为市场新一轮较高水准的发展做好各项准备。

关于市场发展的方针

从对所处阶段的认识出发，当前证券市场的一项重要工作是抓规范化，这是完全正确和非常必要的，并且应当作为一项长期性的工作坚持不懈地抓下去。对市场发展方针，我认为还是应讲两句话：在规范中求发展，在发展中求规范。规范和发展应当相伴而生，相伴而行，相辅相成。我认为还应当明确，规范是为了更好地发展，“发展才是硬道理”。我们不能将近期的工作策略当作长期方针，而应当正确处理好发展和规范的关系，据此制定出市场的长远发展规划。

具体到上海证券市场，在一些市场发展恳谈会上，大家对我就任上海证券交易所总经理后应当采取的工作方针提出各种各样的建议，有的建议“低开高走”，也有的建议“高开高走”，还有的建议“平开高走”。经过一段时间的调查研究和思索，我觉得我们的市场发展不要追求表面的轰轰烈烈，而着重扎扎实实的工作，不要追求急功近利，而着重长远目标。同时我们的基本工作方针应是在进中求完善，而不在退中求安全。前几年上交所的各项工作都是本着勇于开拓的精神，大胆地使市场向前跨出了一大步。在整个过程中也遇到了各种各样的矛盾，在这些矛盾面前是消极地退下来，还是总结经验，积极地继续前进？这里有个方针问题。我们还是要保持那股勇气，在前进中、在发展中来协调和解决各种矛盾，求得市场的更加规范和健康地发展。

对规范化内涵的认识

现在大家都在谈规范化问题，规范化的内涵是什么？我认为首要的前提是法制化。因为只有确立证券市场各种法律和规则，所有的参与者才能有一套共同的行为准则，这个市场才能达到真正意义上的规范。这就要求适应市场的发展，强化立法、定规，特别是如《证券法》一类的大法。在有章可循的情况下，我们所要做的主要是有章必循，即严格按已经颁布实施的各种法规行事，而不能随意突破或有意识地打“擦边球”。规范化的一个重要方面是管理行为的规范化，即管理者首先要严格依法、执法，作出表率。在这方面，上海证券交易所过去也有经验教训。作为市场组织者，一定要严格执法，并接受市场监督。规范化在某种意义上也即市场化，各方面都尊重市场规律，真正按市场规律办事，减少随意性。规范化同样是一个过程，会有许多工作要做，市场各方面都要以规范来约束自己。

关于历史遗留问题

由于某些特定的原因，在我国证券市场上还存在不少历史遗留问题，诸如定向募集公司问题、法人股问题、国家股及其转 配股流通问题等等。这些问题的存在，不仅在相当程度上羁绊了市场的发展，而且使整个市场的运作难以规范。对这些问题，我认为应当抱着积极的态度去寻求解决的办法，而不能只是一味消极地回避和搁置。且不说旧的问题不解决终究是市场的隐患，更严重的是相同性质问题仍在不断制造和产生出来，使问题和矛盾不断堆积，到后来积重难返，旧结未解，新结又生，成为解不开的死结。

根据这两个月的调查研究，我感到市场目前完全有能力逐步解决这些历史遗留问题，问题在于应当允许市场根据自身的情况进行积极的试验和探索，当然这种试验和探索需要有步骤地和审慎稳妥地进行，并且确保市场的稳定，以不超出市场的承受力为度。如果担心解决这些历史遗留问题会导致市场过度扩容，那我认为宁可减缓新股上市的节奏，也要为市场提供这一方面的空间。卸下包袱，轻装上阵，我们的市场会取得更快更好的发展。“宁可慢、务求好”的原则用在这方面，是很恰当的。

关于国际化问题

这几年，证券市场在国际化方面已经起步，并且取得了可喜的成就。毫无疑问，我们应当继续向前走，争取早日跻身世界证券市场之林，成为这个市场的一个重要组成部分。在这一进程中，我们将一些业绩优良的大公司推荐到境外去上市，这无疑为我们提供了学习国际准则的实践机会。然而，如何着眼于培育我们自己的资本市场，通过扩大市场的开放度，活跃B股市场，引进境外上市公司和投资基金，培植自己的国际性大公司，境内外券商如何进一步合作等一系列举措来加快国际化进程，更应引起高度重视。并且从政策导向上、法规准备上、方针策略上，给予有力的支持、保障和推动。

关于交易所的职责

五年来，随着我国证券管理体制的逐步建立和健全，证券交易所的定位和职责发生了很大的转换。交易所既要改变“包打天下”的观念，又要认真履行该负的责任。根据我的理解，作为第一线的市场组织者，交易所主要肩负着服务和监管的双重职责。一方面，要为会员、上市公司和广大批准者提供最完善的服务；另一方面，在中国证监会—证券交易所的证券市场管理框架中，承担具体的监管职能。目前阶段，交易所监管职能的核心是两件事情：一是维持交易的公正性，二是信息披露的规范化。

我感到，证券交易所要履行上述两个方面的职责，需要深入了解市场，反映市场的声音，但不宜和市场贴得太近，不要过于计较交易量的大小，更不能为此而直接上场“踢球”。交易所应当将自己的主要精力用于组织交易和保证交易在公正、公平的秩序中进行，用于监管信息披露等市场行为的规范。

上海证券交易所的过去的五年取得了骄人的成绩，在发展过程中也留下一些矛盾与问题。把这个伟大的事业继续推向前进，我既感到压力很大，同时又有一种历史使命感。在今天，个人对市场的作用是很有限的，但我将竭尽全力，做好工作。最近，全所员工在认真总结经验的基础上，正在着手健全各项内部基础建设，加强监管，控制风险，增进服务，努力将上海证券交易所的工作推上一个新台阶。伴随我国社会主义市场经济体制的深化，上海建成国际经济、金融、贸易中心战略的推进，以及中国证监会的正确领导和社会各界的关心支持，上海证券市场一定会创造更辉煌的未来。

（作者：上海证券交易所总经理）

解放思想　深化改革　推动经济增长方式转变

易振球

努力实现两个转变

《中共中央关于制定国民经济和社会发展“九五”计划和2010年远景目标的建议》规定了整个经济工作要努力实现两个转变，即实现由计划经济体制向社会主义市场经济体制转变和由粗放型的经济增长方式向集约型的经济增长方式转变。这两个转变，关系到我国整个经济将来能不能持续地、快速地、稳定地发展，关系到我国能不能进一步增强国力，在面临21世纪全球性的、新的技术经济竞争中有我们的地位，也关系到我国是不是能够长治久安，因此是一个全局性的战略性转变。

经济增长方式从粗放型到集约型的转变，与把经济工作转移到以提高经济效益为中心在本质上是一致的，但其内涵更为深刻。所谓集约式的发展，主要是建立在资源有效率运用这个基础上，不断地优化配置资源，使资源得到充分的利用，主要是靠挖掘我们现有的经济潜力来提高它的效率。同时，要靠今天的发展为明天的更大发展创造很好的条件，即在提高效率的基础上实现经济的可持续发展，把提高资源的运用效率跟保持我们的生态环境、提高人口的素质结合起来，以获得资源的永续利用和经济的持续增长。然而，要从粗放型的发展战略转移到集约型的发展战略，关键在于我们经济体制能不能实现计划经济向市场经济的转变，这是转变经济增长方式的前提。前苏联的历史经验与我国几十年的建设实践都表明，计划经济不可能实现一个有效率的经济。而市场经济将企业推向市场，让企业独立自主地进行竞争，通过竞争不断促进技术进步，促进资源优化配置，是一个优胜劣汰的经济，因而能够促使经济效率的提高。

但是，我们的改革还只是初步的，还存在许多旧体制未消除而带来的弊端。如改革以来我们连续发生通货膨胀，其中比较大的就有三次。最近的这一次，持续的时间之长、物价涨幅之高，使我们的经济陷入比较困难的局面。产生这种现象的根本原因，就是我们的经济体制在许多带根本性的方面还没有转向市场经济，还是沿用了计划经济的某些手段。我们的改革在一些方面是滞后的，特别是国有经济的改革滞后。我们的整个国有经济，按照理论来讲是全民所有制，但实行了国家所有制这种形式。哪谁来对我们全民所有的国家财产真正负经济责任呢？企业认为财产是国家的，而国家是通过各级行政部门按地区、行业，按行政上下级关系来进行条条块块管理的，经营得好与坏，都没有直接的经济责任。因此普遍存在大家争投资、争项目、铺摊子这样一种倾向。发展靠贷款，还债靠政府，导致不负责任的盲目投资、重复建设，造成很多资源浪费。致使信贷不断地失控，银行大量的债权变成不良债权而收不回贷款。贷款不能如数收回，资金周转不活，就不得不增发钞票，这是我们多年来不断出现通货膨胀的经济根源，是我们的企业体制改革滞后造成的后果。所以不从经济体制上进行彻底改革，我们就摆脱不了一控就死，一死就放，一放就膨胀这样一个经济循环。只有通过深化经济体制改革，使企业真正成为接受市场优胜劣汰考验的自主竞争的法人实体，用少投入多产出这样一种经济发展的模式，我们才能减少对国家信贷的依赖，减少整个货币扩张，铲除通货膨胀的经济根源。所以从这个意义上来讲，没有改革的深入，没有经济体制的根本转变，就没有经济增长方式的转变。

进一步解放思想，统一认识

党的十四大明确提出我国经济体制改革的目标，是建立社会主义市场经济体制。十四大以后到十四届三中全会，我们党对怎样实现向市场经济转变勾划了整个蓝图，提出市场经济的基本特征，提出我们要从五个领域深化改革。应该说我们的目标已经非常明确。但在实际工作中仍然存在很多阻力和障碍。

*首先是在所有制改革问题上存在较大分歧，阻碍着改革的前进。*实现社会主义市场经济，我们的所有制实现方式究竟要不要改革？更直接地说就是国有经济要不要实现产权明晰，怎样明晰？有不同意见。这样一些理论上的不同意见，思想不统一，造成了我们改革举步维艰。

*其次，权力、利益关系的调整受到有关职能部门的抵制。*改革从根本上触动了我们原来计划经济体制下所形成的权力与利益格局，要从生产关系上进行大幅度调整。计划经济本质上是通过行政手段来配置资源的经济，因而它就要设立一大批行政部门来从事分配，所有的物资、项目、资金、劳动力以及人民生活的必需品等都是通过各个政府部门来进行分配的。经过十多年的改革，政府部门的这种分配权力逐步地退到审批权力，由分配经济转向审批经济，办什么都要审批。真正转向市场经济后，应该由企业根据市场的供求状况，自主地运用投资者提供给它的法人财产来进行决策，来进行应用，很多权力应该是企业自主决定的，应该削减这种审批权，甚至某些部门或机构都可以撤销，因此这种改革就要遭到有关职能部门的抵制。

*再次，改革的一些措施实际上并不符合市场经济的规律，制造了一些新的既得利益阶层。*特别是土地问题上，原来我们基本上是无偿划拨，不计地价地批地。而在经济社会急速发展、地价迅速上升的情况下，一些人一夜之间就变成富翁。这些人对健全税制当然不满意。在国有企业管理方面，长期实行承包制，实行厂长经理负责制，形成厂长经理的权力无限制地扩大，这样一种个人说了算的局面。其实错位了，实际上他并不是所有者，他是个被聘用的经营者。现在深化改革，要明确所有者的权益，对经营者要加以制约，要建立一套内部制衡的机制。这样厂长经理就不满意，对建立现代企业制度持消极态度，不愿意进行这项改革。

*第四，一些历史遗留问题形成的包袱，增大了改革的难度。*其中主要是由于我们实行的是高投入、高负债、高增长的经济发展方式，国营经济基本上是一个高负债经济，它不可能跟其他所有制的经济进行平等竞争，要解决这个问题，国家就要拿出一块财力给国营企业补充资本，为其提供一个正常生存的基本条件。这就要牺牲我们眼前的一些公共开支，新的社会事业的发展就得放慢一点、压一压；要理顺价格，逐步地提

高农产品的价格，提高资源性产品的价格，则一些加工工业地区、加工企业和城市居民就要忍受涨价的痛苦，要付出成本，生活水平提高不可能那么快；市场经济真正建立起来，企业实行优胜劣汰，对丧失竞争能力或竞争失败被市场淘汰的人，要保障他们的生活权利，给他暂时的生活出路，这就要建立社会保障体系，这也不可能全靠政府包下来，我们每个人都要给社会做贡献，这也是要付改革成本的。

由于以上原因，这一年多改革进行得比较艰难。但是最根本的问题是思想认识问题，只有思想统一了，认识一致了，改革就会顺当得多。只有抓住了思想认识这个关键问题，其它的障碍方能迎刃而解。

目前，应在以下问题上进一步解放思想，统一认识：第一，要正确认识国有经济的地位与作用，坚决贯彻我们党的以公有制为主体、鼓励多种经济成份发展的方针。关于坚持公有制的主体地位问题，有过很多争论。由于前苏联与东欧一些社会主义国家在社会主义实践中受到了挫折，因此在一些学者中，对公有制产生了怀疑、动摇。他们接受西方的理论，认为市场经济只能以私人所有为基础。但实际上，市场经济所要求的是财产关系的边界明晰，是产权的独立，而不是一定要变成私人财产。只要财产利益关系的边界是明晰的，各有各的经济利益，各有各的经济责任，就可以建立市场经济。在西方实行市场经济的国家，无一例外都有国家所有制企业，且有经营得好的。如西德大众公司，就是一个西德州政府控股51%的公有制为主体的企业，它在整个欧洲汽车市场占有很重要的地位；新加坡政府有几个大控股公司，掌握着整个民族经济的大部分；经济社会发展很有成就、在中东崛起的以色列，其所有制结构30%左右是政府的企业，40%是工会办的企业，还有30%左右是合作社。所以说，一个企业搞得好，并不一定要私人所有。我们应坚持公有制为主体不动摇。

第二，要在国有企业建立法人财产制度上统一认识。现代企业制度的本质特征，一是法人财产制度，二是有限责任制度。所谓法人财产，是指资本一旦投到企业以后，投资者就不能支配企业的财产，而成为由企业法人使用支配的财产，由法人通过选举董事会来控制。如果投资者选错了经营者，企业经营失败造成损失，投资者也只就投资到企业的财产负有限责任。国有企业改革，就是要通过产权明晰、权责明确、政企分开、科学管理，使国有企业转向企业法人制度，转向有限责任制度。这样，政府作为投资者，就不能直接指挥企业而只能凭股权参与选择经营者，参与重大决策。这样就为企业独立进入市场参与竞争建立了法律基础。建立企业法人制度，采取承包制的形式不可能实现，因为它很多方面还是掌握在政府手里。而应该让大部分的国有企业转向搞有限责任公司，有条件的、大型国有企业改组为股份有限公司(这是我们以后企业组织形式当中最主要的形式)，其他小的国有企业，可以交给职工自己去经营，改成股份合作制等。

第三，关于采取什么形式管理国有资产的问题。采取现在这种按行政隶属关系来管理企业的方式，实践证明管不好，其结果是权责相脱离，政府部门决策失误造成国有资产损失是不用负责任的，这样就不能形成一个强有力的约束机制来有效地约束政府部门的决策。因此，要建立一些能够对经济负起责任的部门来管理我们的国有资产。他要受市场竞争的考验和选择。现在深圳、上海、广州等地方都在探索，建立一批经济性质的特殊企业——资产经营公司或控股公司。这个管理国有资产的经济实体是要负经济责任的，企业也要关门，要破产。这样权责明确、统一，国有资产才能盘活。

配套推进经济体制改革

要实现向市场经济的转轨，下一步应着重抓好几项重大改革的配套推进。

第一，要从整体上搞活国有经济。当前经济发展最主要的问题，一是出现了比较严重的通货膨胀，国家正在实行从紧的财政和货币政策；二是国有企业结构不合理；三是有一半的国有企业处在无效、甚至亏损的状态，财政补贴压力大。围绕解决这些问题，要把国有企业的重组、重点企业的改造与改革紧密结合起来。在这方面，各地都有很好的经验。如顺德市对原来的800多家镇以上的公有企业进行改制，留下市、镇两级控股、参股的企业只剩下100多家，其他都变成了股份合作制企业、私人企业或中外合资企业。这样政府就可以集中资金搞好重点企业的发展。又如四平市，将十几家亏损企业全部无偿地送给一汽、吉林化工公司等国家的一些重点企业，很快实现了扭亏为盈。由此看来，我们一定要打破部门、局部的观点，真正树立全局观点和促进生产力发展的观点来盘活存量资产。政府应主要抓好一些大企业、一些企业集团的发展，小企业就放开、放活，有的可以租赁，有的由大企业兼并。

第二，积极推进社会保障体系的建立和完善。市场经济要实现优胜劣汰。有了优胜劣汰机制、就会有风险，就要相应建立一个社会防范风险的机制，社会安全的网络，最重要的是要建立社会保障体系。所有的企业、所有的劳动者都要对社会保障承担义务，由国家(政府)、企业、个人三方面共同承担社会义务。这样才能为改革的深入创造一个稳定的社会环境。

第三，企业改革与整个金融体制改革相结合。金融体制不改革，长期滞后，是我们企业改革推进难、经济上连续出现通货膨胀的重要原因之一。现在我们的银行体制实行的是国家专业银行几乎垄断整个贷款分配的体制，政府对于银行的干预相当多，尤其是一些政策性需求都需要银行贷款来支付。基于此，中央在考虑银行改革时，一方面建立了一批政策性的银行，把一些政府作为政策性的投入业务放到政策性银行来，原来的四大专业银行要逐步地改成企业化的商业银行。同时要组建一批股份制的城市合作银行，真正让银行成为企业，按照经济效益的原则去经营。因此，发展间接金融，开辟二个新战场：第一个是尽快发展一些新的股份制合作银行，让它从一开始就按商业银行来运作；第二个是要积极开辟直接融资渠道，积极发展资本市场，让企业之间的产权流动、资产流动通过资本市场来进行，将吸收、合并、投资、收购等等形式搞起来。这样也可对低效益的国有商业银行形成外部的竞争压力，促进改革。

第四，进一步转变政府职能。在市场经济条件下，政府应主要发挥以下几个作用。1. 通过法律制度、税收制度的健全和完善去初步建立平等竞争的市场条件；2. 做企业和市场本身不能做的一些事情，补充市场的不足，比如投资建设跨地区的全国性大型交通运输网络、通信网络、供电网络和大型基础设施等；3. 研究信息、掌握信息，搞好宏观调控和制定长远发展战略，纠正市场的失误、失灵。因此，要按照《建议》的要求改革政府机构，要把经济主管部门改成经济实体或改成国家授权的国有资产管理机构，一部分改成控股公司，大量的经济主管部门要撤销。经济综合部门也不能直接管企业，应主要通过宏观的经济政策、战略目标的引导和法律来管市场，通过市场引导企业，引导产业结构调整，保证目标实现。

(作者：广东省经济体制改革委员会主任)

励精图治　开创深圳证券市场新局面

庄心一

深圳证券市场全国性地位得到确立

近两年，深圳证券市场经历了由低迷不振到持续走强的巨大转变，市场的情况及变化主要体现在以下几个方面：

1. 市场规模快速扩大，融资功能日益增强。1994年7月31日至1996年8月31日，深交所的上市公司由109家增加到181家，增长66%；总股本由200亿元增加到356亿元，增长78%；股票市价总值由691亿元扩大至2715亿元，增长293%；深交所会员由482家发展到547家，增长13%；交易席位由608个增加到1009个，增长66%。现在开通深市的营业网点共计1800多个，比1994年7月31日增长64%；参与深市的投资者开户数由460多万户增加到740多万户，增长61%。两年间，在深交所挂牌的上市公司，通过发行新股和配股共筹资170多亿元。深圳证券市场作为上市公司直接融资的重要场所越来越受到来自全国的关注和重视。

2. 市场交投日趋活跃，市场份额逐步加大。深圳市场股票、基金交易成交总额1994年为2733.92亿元，占全国的份额为31.84%；1995年为1204.89亿元，占全国的份额为26.11%；1996年1—8月为4686亿元，约为1995年全年成交总额的4倍，占全国的份额为53.33%。日成交总额最大曾达到100亿元。

3. 市场辐射面日益宽广，全国性市场格局已经确立。1993年底，深交所上市公司中的52%、投资者总数的65%、年成交总额的80%在深圳和广东，基本上未能摆脱区域性市场的格局。经过两年多的发展演变，现在，深圳以外的上市公司已占70%，投资者占74%，交投总量占57.5%。1996年开始，全国绝大部分地区出现了投资者开户数量猛增，深股的交易量急骤放大的现象。1996年1—8月的投资者开户数量，北京由9.11万户增加到24.34万户；上海由36.52万户增加到87.65万户；江苏由17.83万户增加到40.64万户。在49只上市新股中，有46只来自深圳以外。

4. 市场设施不断升级，无形化市场网络基本建成。1994年以来，深交所的撮合系统经过两次优化升级，日撮合能力提高10倍，回报数据的单位时间传输效率提高5倍，整个交易、清算系统的综合处理能力提高6倍；在通讯系统方面，开通了64K速率的卫星双向通讯网，完成了单向卫星通讯系统的第一期改造工程，单向广播速率由7.6K提高到19.2K。

5. 市场组织结构得到完善，统一、高效、合理的运作管理体制已经建立。1995年下半年，深圳市人民政府在中国证监会的支持下果断采取措施，将登记公司改制为深交所全资直属的结算公司，建立了统一的运行管理体系，有效实现了证券发行、上市、交易、清算各个环节的一体化管理。同时也为1995年10月份全面调整收费标准、大幅度降低市场成本创造了条件。

6. 市场监管逐步强化，风险控制能力明显提高。两年来，根据国家有关法律、法规和市场实际，深交所共制定、颁布各种有关市场管理的规章制度52部。对过去颁发的各项规定也已根据新的情况着手进行整理和修订。深交所于1994年11月正式设立市场监察部。1995年3月开发建成了即时监控技术系统，随后又进一步完善了监管工作内部流程，防范交易风险的能力明显提高。1995年10月份以后集中力量对历史遗留的会员透支问题进行了认真清收，基本解决了长期以来困扰市场的这一难题。

7. 信息披露日趋规范，覆盖全国的信息网业已形成。一是加强对上市公司信息披露的管理，确定了企业报告事前辅导与事后审查相结合的工作程序，并与85家上市公司建立了信息联网，为上市公司与交易所间相互沟通提供了便捷通道；二是开发了单向信息发布系统，使深交所信息已能通过交易网络迅速传递到全国各地；三是在内部建立了较为严格的信息审查制度和统一的对外发布渠道，提高了深交所的信息质量；四是统一编发市场综合资料；五是透过各社会新闻媒介，及时反映深圳证券市场情况。

8. 国际化程度有所提高，学习借鉴国际经验初见成效。首先，在B股市场方面，截至1996年8月底，深交所共上市B股40只，总发行股本41亿元，比两年前分别增长82%和199%。1996年1—8月，B股成交金额达到57.63亿元，是1994年同期的4.87倍；B股境外特许经纪商也由1994年初的68家增加到目前的77家。其次，深深房在美国发行ADR取得成功，深招港B股在新加坡第二上市顺利实现。

坚持服务为本，加强规范化管理

深交所位处市场第一线，两年来在市场建设、市场监管和市场服务等方面努力工作，发挥了应有的作用，也积累了一定经验和教训。

1. 坚持规范，加强监管，努力创造公开、公平、公正的市场环境。坚持和贯彻公开、公平、公正原则是证券市场正常运行和持久发展的内在要求，是规范化建设的基本准则。疏于监管，不求规范的市场必然伴随很高的市场风险和严重的市场不公，这样的市场只会令广大投资者、证券经营机构和上市公司望而生畏。而失去参与者信任(或信任程度降低)的市场就不会有发展前途，就不具备开拓创新的基本条件。两年来，随着我国证券市场规模的扩大和国家证管部门监管力度的加强，各方面对规范市场重要性的认识逐步趋于一致。证券交易所承担着国家和会员赋予的组织和管理市场的重要职责，作为一线监管者，深交所一贯将规范市场作为工作的重点。1995年11月作出决议：深交所一切工作和业务活动都要在现行的法规、政策范围内进行；在加强服务、发展市场的过程中决不放松市场监管；为维护全体市场参与者的利益，深交所要加强一线监管的严肃性和权威性，切实维护好市场秩序。在贯彻落实过程逐步形成了一系列工作原则：(1)对全体会员一视同仁，不搞倾斜政策；(2)确立了以法制化、程序化、标准化为主要内容的监管工作流程，避免人为因素带来的随意性；(3)认真调查研究，把握轻重缓急，抓住重点问题，集中配套解决；(4)在严格合规的前提下，坚持实事求是、合理周密地处理问题。1996年深交所成功地处理了占号申购新股的违规事件，基本解决了历史遗留的透支问题，并及时制止了两起以窃取密码为手段的证券盗卖案件。

在监管实践中，证券市场规范化的重要前提之一是证券交易所行为的规范。为此，1995 年以来深交所在严格内部管理的基础上，对外彻底杜绝了人为组织炒股、预测股价高低、允许透支、透露内幕信息和在业务活动中谋取额外收益等不合规行为。最近，国务院证券委正式颁发了《证券交易所管理办法》，对交易所的规范化建设提出了系统的法律要求，深交所将严格按照这一法规，继续加强自身的规范化建设。

2. *加强市场基础建设，建立安全、高效、经济的市场运行体系。*市场基础建设的主要任务是建立一个以现代技术为依托的交易、清算系统和营造一个符合社会主义市场经济规律的投资氛围。深交所在设立初期就开始引入无形市场模式和相应的交易、清算系统，其重大意义在于突破了传统证券市场的形成方式，为深圳证券市场迅速成为全国性市场提供了技术优势，为降低市场成本、提高运行效率、维护公平交易奠定了物质基础。但这一系统在 1993 年投入使用后反映出一系列矛盾和缺陷。为解决这些问题，两年多来深交所有关部门做了大量工作，与此相关的技术立项就达 100 多项。深圳市人民政府确定的证券市场 12 项整改措施中直接涉及交易、清算系统的就有 8 项。到 1996 年 5 月份，上述影响市场正常运行的一系列问题基本得以解决。

市场参与者的投资观念是衡量投资氛围的重要标志之一。为了便于投资者更多地了解上市公司和上市基金的经营业绩，准确分析其投资价值和观察其价格走势，深交所在 1995 年 3 月和 1996 年 3 月分别推出了成份股指数和基金指数，1996 年上半年又根据上市公司 1995 年度综合业绩排序结果推出了 20 家绩优企业。配合这一活动，《中国证券报》、《证券时报》适时编发了绩优股价格走势指标。我国证券市场开始出现注重公司业绩和证券投资价值的可喜变化。

3. *坚持服务为本，不断推进和完善市场服务工程。*有一段时期，不少会员单位和市场有关方面对深交所服务问题提出了大量的意见和建议，为此深交所 1995 年 11 月初，确立了“市场至上，服务为本”的指导思想，实施了系列市场服务工程。首先，开设市场服务专线，为投资者、会员单位及市场各方和深交所的沟通提供便捷通道。以市场服务部为基础，实行“一个窗口对外，一条龙服务”。内部对员工展开了服务教育，建立了“上门服务制”、“第一受理人负责制”等服务制度。其次，在主要中心城市设立服务中心，有计划地建立全国性服务网络。第三，在市场服务小组、技术服务小组分别走访全国各省市之后，又大张旗鼓地开展服务周活动，开辟了深交所提供综合配套上门服务的新途径。第四，注重市场反映，紧紧围绕会员单位、上市公司、投资者的需求，在可能范围内及时推出服务项目。建立定期对帐制，举办各类培训班，经常走访上市公司，提供咨询服务，在深圳、北京等地为投资者开设了上市公司年报及市场统计资料陈列室；在《证券时报》开辟了“服务之窗”专版。

4. *加强沟通合作，虚心学习借鉴，寻求广泛的理解和支持。*深圳证券市场作为全国性市场，是在全国各地的积极支持和共同努力下逐步形成和发展起来的。在深圳证券市场规模日益扩大过程中，必须要以全国性思维统揽全局，各项工作和措施都要尽力适应全国各地的情况，努力满足不同方面对市场长期、健康、规范发展的需求。一年多来，深交所加强了与全国各地和社会各方面的联系，除了广泛走访以外，还通过座谈会研讨会等，吸取各种意见，出台的措施都尽量提供多种选择方案。1996 年 5 月份开始在少数省市试行资金就地清算。为了加强与各地证管部门的合作，先后与 20 个省市证管部门签定了合作协议书。其它证券交易所的一切成功做法，只要符合规范要求和深市实际情况，都将借鉴引入。

5. *严格内部管理，加强队伍建设，力促内部机制的完善和员工整体素质的提高。*为进一步完善深交所内部的运作机制，提高整体工作效率和质量，深交所着重制定、完善各项内部管理规章制度。(1)加强反腐保廉、严肃组织纪律、严格各项规章制度的执行。(2)建立部门岗位目标责任制，各部室和总经理室签订全年目标责任书，明确了职责、任务。(3)选派员工到部分省市证管部门实习锻炼；组织员工轮流出去上门服务。(4)打破平均主义的分配机制，制定了新的比较合理的员工等级序列和浮动工资制度。(5)制定并完善了相应的制度办法，严格坚持重大事情集体讨论决策，日常运行按程序办事，基本实现了政务公开。

利用有利时机，发展深圳证券市场

经过几年的培育和发展，深圳证券市场完成了由试验探索到规范运作、由区域性市场到全国性市场的两大转变，市场积聚的内在能量明显增强，现代证券市场的基本功能初步具备。当前，有利于证券市场进一步发展的客观因素正在增长。1996 年 5 月召开的全国证券期货监管工作会议，确定了要加大监管力度，规范市场行为，积极稳妥地发展债券和股票融资，进一步完善和发展证券市场，更好地为社会主义市场经济服务。的指导思想和工作方针。

建立现代企业制度是实现两个根本转变的关键所在。推进现代企业制度试点为证券市场的发展提供了更广阔的空间；随着金融体制改革的深化和中央银行宏观调控能力的增强及调控方式的转化，逐步扩大直接融资已成必然趋势。香港的回归将有利于中国的进一步改革开放和与国际市场接轨。深交所具有毗邻香港的地缘优势，与国际市场的合作和交流机会将会增多，这对推进深圳证券市场的国际化进程具有十分重要的意义。综合以上各种有利因素，我们已经感到，深圳证券市场正面临着重大的历史发展机遇，有可能进入一个新的发展阶段。根据国民经济发展和改革开放的基本要求，深圳证券市场下一阶段的基本目标是：用 15 到 20 年的时间进入国际主要证券市场的行列，在主要的市场指标，如证券品种、成交总量、上市公司家数、会员席位数量、投资者人数及其技术水平和风险控制能力方面，达到世界发达市场的水平。为此，深交所要紧紧围绕国民经济发展和实现两个根本转变的要求，认真贯彻国家关于证券市场发展的方针政策，切实加强规范化建设，全面提高市场服务质量和管理水平，不断强化市场功能，推动深圳证券市场持续、健康、稳定地发展。

（作者：深圳证券交易所总经理）

塑造国有资产运营主体

康　凯

在计划经济体制下，按照行业上下基本对口要求设置的企业主管部门，既是政府的职能部门，承担着行政监督管理和行业管理职能，又是企业的主管部门，承担企业生产经营的管理工作。对企业主管部门的改革，青岛市尝试将机构改革和国有资产管理体制改革融为一体，通过对企业主管部门的转体改制，着力塑造国有资产运营主体。经过近三年的努力全面完成了市级企业主管部门的改制工作，为推进现代企业制度作了基础性的前期准备。青岛市原有工业、交通、财贸、基建系统的市级企业主管部门 14 个，行政在编人员 1266 人，直属企业 355 个，其中国有企业 244 个。1994 年末总资产 220 亿元，总负债 170 亿元。所属事业单位 67 个，职工总数 33 万人。从 1992 年开始，青岛选择原市一轻局作为改革试点单位，将其转体为青岛益青实业总公司。益青总公司受市政府委托，运营原市一轻局所属企业的国有资产，并对集体资产进行管理。转体后益青总公司经过精简机构、分流人员、建章立制、理顺关系、清产核资、股份制改组、嫁接改造老企业、结构调整、资产存量盘活等一系列综合配套改革，逐步走上了资产运营轨道。1994 年青岛市其他 13 个主管局（公司）的转体改制方案经市委、市政府批准实施。目前已有 12 个资产经营性公司（或集团公司）和 8 个行业管理办公室正式挂牌营运。

改革的基本思路

对企业主管部门的转体改制，基于以下考虑：一是根据现代企业制度的基本要求，明确企业的投资主体，使政资分开，进而实现政企分开。二是针对国有资产管理中权责不清、资产流失的状况，通过国有资产运营主体的有效运营，确保国有资产的保值增值。三是结合机构改革，精简机构和人员，推动政府职能的转变。企业主管部门转体改制工作是一项融现代企业制度改革、国有资产管理体制改革、机构改革于一体的综合系统工程，能够起到牵一发而动全身的作用。

青岛市企业主管部门转体改制的基本思路是：按照党的十四届三中全会提出的现代企业制度和逐步减少专业经济管理部门的要求，以职能分解为突破口，将原企业主管部门一分为二，设立“小办、大公司”，少数人搞行业管理，多数人搞资产运营。资产经营性公司（或集团公司）主要承担资产运营职能，在过渡时期内，暂时承担一定的社会职能，将来逐步向属地化转移；行业管理办公室承担着行业管理职能和政府职能。其政府职能将来逐步移交给市经济综合部门或社会中介组织。

资产经营性公司（或集团公司）作为国有资产运营主体，受市政府委托，运营一定范围内的国有资产，为市直属全民所有制企业性质，依法享有资产收益、重大投资决策和选择经营管理者的权力。其主要任务是从价值形态上经营国有资产，以国有资产保值增值和利润最大化为主要经营目标，通过投资、参股、控股，逐步发展为跨地区、跨行业、跨所有制结构、具有投资融资功能的国有资本控股公司。资产运营机构本身将按《公司法》及其他有关规定，逐步进行规范。当前资产运营机构的主要工作是调整结构、企业改制、盘活存量、提高效益。

行业管理办公室的设置，本着既上下基本对口和精简，又体现改革超前性的原则，行管办不进政府序列，为事业编制。其主要任务是实施行业政策、进行行业规划、上情下达、统计信息、产品质量与标准化、生产许可证发放和为企业提供咨询服务等。将来把承担的政府职能交给市经济综合部门后，行管办则转变为社会中介组织性质的行业协会。在过渡时期内，为保持工作的较好衔接，多数行管办主任由资产运营机构的总经理兼任。

通过改革，逐步建立起国有资产管理部门—国有资产运营机构—拥有国有资产（股本）的企业三个层次的政资分开、权责明确的国有资产管理、运营、经营体系。第一层次为相对独立的、挂靠市财政局的市国有资产管理局，作为国有资产的主管机关负责国有资产的监管职能；第二层次是经原企业主管部门转体塑造的国有资产经营性公司（或集团公司）以及市直属的大型企业集团公司，经市政府授权，从价值形态上运营一定范围内的国有资产，具备条件的，可以赋予其融资功能；第三层次为资本金全部或部分属于资产运营机构的企业，企业依法占有国有资产运营机构和其他出资者的本企业投资形成的全部财产，享有法人财产权，通过生产经营，取得利润，形成投资收益，回报给出资者（即国有资产运营机构或其他出资者）。然后层层签定国有资产经营目标责任制，使其责、权、利相统一，形成权责明确、政资分开、政企分开、各自运作的有机统一整体。

改革的主要政策

企业主管部门转体改制属于深层次的改革工作，涉及到机构、国有资产管理体制、企业、政府职能转变、人事制度、工资制度、土地和房产使用制度等方面的改革。在这项改革中，青岛市坚持以企业主管部门转体改制工作为突破口，其他改革综合配套推进，本着改革、发展、稳定相结合的精神，制订了配套政策。

（1）规定企业主管部门转体后，其工资及经费来源两年内维持原渠道不变，保持财政拨款。

（2）转入资产运营机构的人员，改按企业工资制度和保险福利待遇执行。

（3）转入资产运营机构的人员，可评聘相应的专业技术职务。

（4）企业主管部门转体时，对距国家规定离退休年龄相差 5 年以内的机关人员，可以提前办理离退休手续；相差 5 年以上，但工龄满 30 年的也可以提前办理手续。这些提前离退休的人员仍享受机关人员待遇，工资给予适当优惠。

（5）将租用的市直管房屋有偿优惠划拨给资产运营机构，作为国有资产进行运营，以促进第三产业发展，增强自我发展能力。

（6）原所属事业单位的归属，规定自收自支的事业单位，由资产运营机构负责管理，差额或全额拨款的由运营机构代管，事业单位经费来源渠道不变。

（7）授权资产运营机构对受托运营范围内的企业房地产有统一开发权力，以达到盘活存量资产、促进产业结构调整，

上海愛建股份有限公司

六幢大樓構成愛建城雄姿

董事長:劉靖基,總經理:顧青

注册資本額:19800萬元

經營範圍:投資經營房地產業、對外經濟貿易、金融信托、工業、商業、服務業等各類經濟事業;建築設計、經貿咨詢、倉儲運輸及其他第三產業。

全額投資企業:愛建信托投資公司、愛建進出口公司、愛建(香港)有限公司、愛建建築設計院以及滬港合資企業怡榮發展有限公司。

注册地址:上海市浦東南路1472號
電話:58862676
郵編:200120
辦公地址:上海市零陵路583號
電話:64396600總機
傳真:86－21－64392118
郵編:200030

筒式柴油打樁錘施工現場

上海金泰股份有限公司

總經理：虞網法

地址:上海安亭洛浦路45號
電話:(021)59577280　**傳真**:(021)59575187
郵編:201805　**電挂**:8017上海

上海金泰股份有限公司是由上海東風機械(集團)總公司發起,所屬上海工程機械廠和上海探礦機械廠于1995年7月15日聯合改制而成的上市股份公司。公司總股本18530萬股,其中B股43.17%。公司是中國目前最大的樁工機械制造商,現有員工2100余人。

公司主要生産銷售工程機械、打樁機、機械施工鑽機、水文水井鑽機、地質勘探設備、礦山機械及上述機械配件、與上述有關的技術輸出和輸入及咨詢服務。本公司産品主要服務于基礎建設工程項目,在成立后的半年時間里,公司始終堅持穩步發展主業的方針,95年完成主營業收入23316.1萬元,完成淨利潤4132.4萬元。1995年通過强化營銷機制,調整了全國50個銷售網點。在鞏固廣東、福建、江蘇、浙江、山東等地區原有市場的同時,并在中南、西北地區開辟了新的市場。保持同行業中的領先地位。公司還積極與印度尼西亞、越南、韓國、緬甸、孟加拉國等國家和地區建立了營銷代理。

GPS-15型工程鑽機施工現場

公司辦公樓外景

山東
環宇(集團)
股份有限公司

公司于 1989 年 3 月正式成立,是由山東省臨沂紡織品采購供應站發起成立的山東省第一批公開發行股票的股份制試點企業。現有職工 1290 人,其中各類專業技術人員 382 人,擁有固定資産 9415 萬元,占地面積 86.7 畝,建築面積 45215 平方米。主營百貨、文體、服裝鞋帽、烟酒副食、五金交電、化工、建材、家俱、針紡織品、勞保用品等,兼營交通器材及配件、房地産開發、飲食服務、糧油及制品。是一個集零售、批發、生産、加工、服務、進出口業務、房地産開發于一體的大型企業集團。公司擁有 2 個大型綜合零售商場,一個國際貿易公司。魯南商業大廈、人民商場和魯南服裝城連成一體,總營業面積近 4 萬平方米。魯南商業大廈 1993 年被商業部評爲“全國百家最佳效益零售商店”,1994 年被省列入“山東省十大商廈”,1995 年分别被省、市評選爲“消費者滿意商店”等。公司綜合經濟效益,從建立以來均居全國同行業前列。

隨着企業改革的不斷深入,公司的股份制運作逐步得到完善,公司股票經中國證監會復審同意和上海證交所審核批準,已于 1996 年 7 月 26 日在上海證券交易所挂牌交易。

法人代表:李光法

公司經營的環宇大酒店内景

法人代表:李光法
地址:山東省臨沂市解放路 88 號
電話:8225018－2008　**傳真**:8226339
郵編:276002

栏目协办

淄博华光陶瓷(集团)股份有限公司

第二编

中国证券市场

98/103

中国证券市场

中国股票市场

【概况】 中国证券市场是在规范的主旋律中走过它发展的第五个年头的，在开拓直接融资渠道，促进企业机制转换，推进金融体制改革，扩大吸引外资和对外开放中发挥了积极的作用，但也存在一些问题，发生了327国债期货事件、长虹事件以及大大小小的收购风潮。

【社会公众股市场】 1995年，在沪、深市场新上市的公司有32家，上市公司的总数达到323家，其中新上市A股24只，上市总额约5.1亿元；新发行B股12只，筹资总额4.5亿美元。1995年底在沪、深上市的证券总数460个，其中A股311个，B股70个，国债55个，基金22个，全年累计成交额达64097.45亿元，是1994年的2.24倍。沪、深市场基本形成了拥有国债、股票、债券、基金及金融衍生商品的市场格局，总股本达765.64亿元。沪、深两交易所会员总数1085家，投资者1230万人。

在沪、深市场迅速发展的同时，1995年中国证券市场还向海外拓展。至1995年底，已有17家大陆企业到香港上市，2家企业到美国上市，1家企业在新加坡上市，有70家企业发行了B股，共筹集外资61.3亿美元。

【交易市场】 在1995年的249个交易日中，大盘平稳，震荡较小。总的情况是，除了5月18日以后几天的短暂火爆行情和10月25日的"一日辉煌"外，上证指数基本在500至800点之间波动，深圳成指在1030点至1300点间小幅波动。相对于大盘平稳，1995年的个股交易却异常活跃，个股行情又与全国的宏观经济状况、产业政策、区域发展政策相关联，形成了诸如"大盘股革命"、"控股板块"、"基金板块"、"三峡板块"、"中西部板块"等板块行情，给较长时间清淡、沉寂的股市注入了一定的活力。

【B股市场】 1995年新发行上市B股12只(其中有10只在深圳上市，2只在上海上市)，新上市股本10亿多美元，筹资总额4.5亿美元。我国已发行B股70种，规模进一步扩大。但1995年中国B股市场表现不佳，B股市场呈现连续的振荡下跌态势。从新上市的B股看，除了少数几只外，其余均是上市当天便跌破发行价；从大盘来看，1月3日沪、深B股市场分别以62.80点和783.64点(成份B指)指数开盘，12月25日沪市B股收于47.10点，深市B股则于12月22日以536.66收市，年跌幅分别为25%和31.52%，年振幅分别达31%和32%。1995年，中国的B股市场仍承接1993年以来的振荡下跌态势，并且随中国宏观经济面的趋势而变化，对宏观经济的反应越来越敏感。而与之相反的是，国际证券市场的走势对中国B股市场的影响却较小，尤其是7月份以后，中国的B股市场差不多与纽约、香港股市的上升行情背道而驰，连创新低。不景气的市场严重地挫伤了境外投资者的热情，也增加了B股发行的难度。

【H股市场】 1995年，国务院继续选择效益好、潜力大的大中型企业到香港上市，吉林化工和东北输变电在香港成功上市，使在香港上市的国企达17家。H股规模的进一步扩大，但延接上一年的振荡行情，并受多方影响，H股在1995年市场上的表现也不尽如人意，市场走势波动起伏，并在香港股市恒指冲破万点大关的同时连续下挫，国企指数从年初的1300多点跌至年末的757.12点，国企股指一直在850点至1100点之间徘徊。尤其是下半年受公司业绩不良的影响，H股整体股价大幅下滑。11月16日，在经历了连续三个月持续跌势之后，国企H股股指急剧下挫，创下672.70点的历史新低。市场发生恐慌性抛售，成交量大幅增长，全年跌幅最大的则是受利率优惠问题困扰的"海兴轮船"，其跌幅高达70%以上。

【证券机构】 以上海证券交易所和深圳证券交易所为中心的中国证券市场体系在1995年进一步形成和发展，已有专业证券公司97家，证券经营机构400多家，遍及全国各地的证券营业网点达3000多个。但1995年《商业银行法》的出台，上半年的"扩容真空期"使券商在一级市场的竞争愈演愈烈；二级市场的低迷以及国债期货试点的暂停，更使一些中小券商举步维艰。许多券商转而寻求新的机会，产权重组、公司并购、基金管理、投资顾问等方面。

【法制建设】 1995年国家证券管理部门加强了市场监管力度，果断处理市场违规行为。中国证监会设立了稽查部，定期召开会议，通报情况，研究问题，调查处理了包括327国债期货事件、长虹事件在内的22起违规事件，吊销了两家期货经纪公司的经营许可证，取消了两家期货经纪公司从事期货经纪业务的资格，暂停了长春联合商品交易所的营业资格等。在加强市场监管的同时，进一步健全法制法规。1995年5月、6月，分别召开了国务院证券委第五次会议和第一次全国证券、期货监管工作会议，明确了"证券、期货监管工作必须紧密围绕抑制通货膨胀，配合企业改革，坚持先试点后推广，宁肯慢务求好的原则，加大监管力度，完善法规制度，规范市场行为，抑制过度投机，在稳定中求发展"的方针。中国证监会又会同有关部委起草了《关于股份有限公司境内上市外资股的规定》，出台了《证券经营机构自营业务管理暂行规定》、《证券从业人员资格管理暂行规定》等，开始修订《证券交易所管理办法》。与此同时，各交易所和证券公司也进一步完善内部管理制度，加强外部风险控制，提高自律和规范化程度。

【国际化进程】 中国证券市场的国际化进程加快，7月11日中国证监会正式加入证监会国际组织，中国证监会还与香港、新加坡证券期货监管机构签署了合作监管备忘录，有关部门也分别与东京证交所、伦敦证交所、多伦多证交所、悉尼证交所等国外著名机构进行了各种实质性与意向性接触，加强了国际交往与合作。

(鲁孝年)

中国国债市场

【概况】 1995年中国国债发行大幅度增长，年发行1510亿元，是1994年发行额的1.47倍，顺利完成预算任务。国债流通市场成为全社会投资领域的热点。国债现货交易健康活跃，发展迅速；国债期货交易投机气氛浓重，且屡屡发生违规事件，终被暂停；国债回购运作不规范，金融机构之间发生大量拖欠，出现较为严重的“金融机构三角债”。

【国债发行市场】 1981 年至 1995 年底，中国政府为筹集建设资金累计发行国内债券 4684 亿元，累计偿还本金 1388 亿元，内债余额为 3296 亿元。1995 年实际发行国内债券 1510 亿，其中向社会公众发行了 1 年期和 3 年期两个品种的国库券共 1486 亿元，向社会待业和养老基金定向发行了 5 年期的国债 24 亿元。发行国债的次数也由原来的每年发行 1 至 3 次增加到 1995 年的 5 次，即无记名国库券、凭证式国库券(一)、记帐式国库券、特种定向债券、凭证式国库券(二)。发行频率大大加快，为实现国债的滚动发行迈出了一大步。1995 年是历年国债发行量最大的一年，继 1994 年国债发行量大幅度增加后，又一次高速增长，从 1994 年的 1023 亿元增加到 1995 年的 1510 亿元。造成这种情况的主要原因：一是中央财政收支差额仍然较大，需要通过发行国债来弥补；二是国债还本付息额从 1994 年的 358 亿元增加到 1995 年的 779 亿元，其中绝大部分也需要通过发行国债来解决。虽然 1995 年国内债券发行量进一步扩大，但由于具有下面几个有利条件，因而发行工作进展顺利。第一，社会投资能力较强。国内城乡居民储蓄存款水平持续上升，到 1995 年底，全国城乡居民储蓄存款余额已接近 3 万亿元，这为国债的顺利发行提供了基础条件；第二，居民投资意识增强。广大投资者越来越认识到国债作为一种金融投资工具，具有安全性、流动性和收益性方面的优势；第三，采取市场方式发行国债。1995 年，财政部主要采取经济手段，全部通过承销和招标方式发行。1995 年我国国债管理工作继续向国际化、规范化和制度化方向发展，国债发行规模继续扩大。为了保证完成 1995 年国债发行任务，保护投资者利益，财政部对国债发行市场不断进行市场化改革，健全和完善流通市场运行机制。

大量发行凭证式国库券 1995 年分别发行了可上市流通国债和不可上市流通国债，3 年期无记名国库券和 1 年期记帐式国库券是可上市国债，发行期结束后，即可到集中性交易场所和场外柜台市场流通转让。另外，由于 1995 年我国通货膨胀率较高，银行储蓄保值贴补率居高不下，在这种形势下，发行不保值的国债比较困难，财政部为保护投资者的利益，保证将数额较大的国债以市场手段发向社会，主要发行了凭证式国库券，该国库券为不可上市流通国债，不能进入二级市场交易。凭证式国库券票面利率是 14%，持券者急需变现时，可到原购买网点提前兑取，并对持满三年的给予保值，以鼓励投资者长期持有。由于这种国库券的持有者不承担通货膨胀造成的风险，又有稳定的收益率，并且可以随时兑付，因而深受投资者喜爱。1100 多亿元 3 年期凭证式国库券占 1995 年全部国债发行量的 2/3 多，它的顺利发行对整个国债发行任务的完成起了重要作用。

试行招标方式发行国债 首次的招标方式发行国债成功标志着我国国债发行进一步走向市场化。1995 年 8 月，在计划发行的 100 亿元一年期记帐式国库券中，划出其中的 30 亿元试行招标方式发行，规定国债一级自营商和符合条件的非一级自营商金融机构以缴款期为竞争性标的物向财政部投标，最低投资数额为 5000 万元，然后以 1000 万元的整数倍投标，按照缴款期早优先的原则募入，直到募满 30 亿元为止，中标者按各自中标的缴款时间缴款。这种对于缴款期限的招标虽然与国际上普遍采用的对价格或者收益率的招标相比尚有较大的差距，但对国债发行来说无疑是一大进步，是迈向市场化的一个具体步聚。

加强国债一级自营商队伍建设 为了积极推进国债发行的市场化改革，1993 年建立了国债一级自营商制度，此后每年都有一部分银行、证券公司、信托投资公司经过法定程序取得国债一级自营商资格，直接向财政部承销国债，并积极开展国债二级市场业务。1995 年，财政部加强了国债一级自营商制度的建设，根据已经颁布实施的《中华人民共和国国债一级自营商制度》及其实施细则，严格了一级自营商资格的复审和确认工作，在 1993 年 19 家一级自营商的基础上，扩大为 50 家一级自营商。这 50 家一级自营商成功地承销了 1995 年发行的 250 亿元 3 年期无记名国库券和 100 亿元 1 年期记帐式国库券。

扩大记帐式国债发行范围 在缺乏全国国债登记托管结算系统的情况下，1995 年一年期记帐式国库券、3 年期可流通国库券采取了在各集中性交易场所挂牌分销、登记的方式，在一定程度上扩大了国债的发行范围，拓展了流通市场。此外，1995 年财政部还授权中国证券交易系统有限公司办理 1995 年一年期国库券的转托管工作，实现了投资者在不同证券交易场所间自由快速调整债券托管头寸的愿望，促进了全国国债统一市场的形成。同时，由于登记、托管网络系统的扩展和交易场所间转托管服务体系的建立，财政部可以扩大记帐式国债的发行规模，这对节省发行成本、提高发行和交易效率是非常有利的。

【国债交易市场】 1995 年，中国国债市场在发展和规范方面取得了较大的进步。1995 年沪深国债市场的国债现货交易额 775.1955 亿元；国债回购交易额 1248.5208 亿元；国债期货交易额 57336.282 亿元。

国债现货市场 1995 年，国债二级市场交易规模迅速扩大，一段时间“债热股冷”现象明显。尤其在上半年国债市场交投气氛远远高过股票市场，大量资金涌向债券市场，“国债热”成为证券市场的基本特征。特别是与保值贴补率相联的保值券因受物价变动因素的影响，波动很大，一度攀升到惊人的高位。但当国债期货市场被宣告暂停时，保值券又大幅度下调，最大跌幅达 20 元左右。至年末，现货市场畸形的价格得到纠正，并逐步在较为理性的价值区间稳定下来，国债现货投资已由原来投机冲动更多地转向对经济走势的分析及相关的收益率比较分析，市场渐趋理性和规范。金融机构将国债业务作为促进自身发展的重要经营内容，使国债市场成为风险管理的工具，盘活资产，调剂头寸的重要场所。

国债回购市场 1995 年，国债回购交易进入高速发展阶段，参与者众多，交易量急剧膨胀，国债回购成为证券市场上的主要交易品种之一。同时，由于第一，市场监管和法律规范跟不上市场快速发展步伐，有的交易场所对债券集中托管比例要求太低，一些证券经营机构虚开代保管单，使得管理机关难以对实际交易行为进行监管。第二，中央为加强金融宏观调控，严禁乱拆借、乱集资，而社会投资需求很大，使众多机构争相吸收资金。因此，产生了大量买空卖空行为，许多资信不高的机构纷纷从事国债回购交易，特别是有些金融机构假借证券回购名义套取资金，到期不能履约，个别金融机构甚至恶意诈骗。上述情况造成金融机构之间的债务链，影响了国家的宏观调控和金融市场与证券市场的正常发展。1995 年下半年以后，中国人民银行、财政部、中国证监会针对国债回购市场发展过程中暴露出来的问题，采取了多项有力措施，1995 年 8 月联合下发了《关于重申对进一步规范证券回购业务有关问题的通知》，对制止国库券买空卖空及以证券回购名义违章拆借起到了积极的作用。但是，随着大量回购协议到期，金融机

构间相互拖欠更为严重，为此，中国人民银行、财政部、中国证监会联合下发了《关于认真清偿证券回购到期债务的通知》，要求从事证券回购业务的机构必须贯彻执行。采取了上述措施以后，国债回购交易进入清理整顿时期，国债回购市场混乱的局面迅速得到扭转，但遗留的问题未能完全解决。虽然，国债回购市场出现了一些问题，但是，从市场经济发展的要求来看，国债回购市场的开展对证券市场、货币市场和国债市场的发育，以及中央宏观调控机制的建立、运行有着不可取代的作用。

国债期货市场　进入1995年，在保贴补率逐级攀升，持涨不跌的背景下，国债期货价格也随之水涨船高，扶摇直上。虽然，各国债期货市场实行新的涨跌停板和持仓限量等风险控制机制，但是，由于自身交易体制的种种不完善和不严密，期货市场投机气氛更趋炽热，部分自律不严的入市机构屡屡违规，2月23日，上海证券交易所327国债期货品种发生严重蓄意违规行为，在国内外金融界造成极大影响。尽管事后上交所采取了有效的补救措施，中国证监会和财政部也联合颁布了《国债期货管理暂行办法》，严格了交易条件，然而，由于市场建设中根本性问题并未得到解决，以至于5月11日319国债期货品种再次违规，严重危害了市场的稳定和健康发展。在此背景下，5月17日中国证监会发出《关于暂停国债期货交易试点的紧急通知》。此后，各有关交易场所开始了紧张而细致的国债期货平仓、清场及善后工作。9月20日，监察部、中国证监会等部门经过联合调查后公布了对327国债期货事件的查处结果，对有关机构和责任人员分别作出了严肃处理。

（财政部国债司　陈礼华）

上海证券市场

【概况】　上海作为全国性证券市场在中国证券市场中起着举足轻重的作用，是中国证券市场最重要和最具创新力的一部分。1995年上海证券市场的表现可以说是中国宏观经济形势和微观经济发展的晴雨表，股市持续调整。

【市场规模】　1995年在上海证券交易所上市的上市公司188家，新增加17家，其中新增A股15只，B股2只，上市股本市价总值2525.66亿元。上海证券市场全年各类证券成交额55153.84亿元，为93和94两年累计成交额的1.96倍，而股票、国债年成交额分别达3103.48亿元和51627.62亿元。上海证券交易所的会员公司增至553家，新增3家。投资者680万人，比上年增加11.33%。

【交易市场】　纵观沪市全年起势，“大盘平稳、个股活跃”的特点表现得极其分明，在约250个交易日中，上证指数基本在500—800点之间波动，日指数收于800点以上的仅2个交易日。最高928点，最低524点，年振幅20%，是92年放开股价以来波幅最小的一年，同时，A股交易较大辐萎缩，也是股票交易最为清淡的一年。

95年沪市开市即跌，在2月7日创下524.44点的年最低点。2月下旬，由于T+1方式的取消，及受年初几只上市新股追捧和327事件的影响，加上浦东板块的策应，沪市走出全年第一波行情。4月10日，仪征化纤上市带动大盘剧跌。直至5月17日，中国证监会下发了暂停国债期货交易试点的通知，18日沪市跳高59点开盘，大盘狂涨，至5月21日，沪市冲至927.67点全年最高点，成交量剧增。其后受55亿新股发行消息的打击，沪市大幅跳水，此后沪市还在各方面因素的配合下，分别于8月、9月、10月有所作为。年末，因扩容使市场加速下跌，终以555.28点收市，收盘指数比上年下跌14.29%。相对于大盘走势的疲弱，沪市“板块”个股却较为活跃，可以说95年沪市有时还稍显活力和有所作为的话，那么它活力的来源就在于“板块”和“个股”行情。全年见涨的33家A股中，四川广华、北京北旅、广电股份、一汽金杯居全年涨幅前四名，分别高达100%，91.29%，66%和57%。

B股市场由于缺乏热点，全年一直低迷，从年初开盘62.80点至年终收于47.68点，年跌幅达24.08%。

95年市场的另一大特点就是国债市场的火爆和基金热的形成。国债市场，尤其国债期货的火爆，导致了327事件的发生，随后一连串的违规事件的发生，使证监会于5月18日下令取消了国债期货交易试点。8月底开始的基金热则一再突破历史高位，并在10月31日创下平均收盘价4.29元的最高纪录。沪市全年基金成交额达305.67亿元，是94年的2.6倍。

【国际化进程】　7月20日，上海证券交易所与美国太平洋证券交易所建立友好关系，太平洋证交所将帮助上交所发展新的监管系统，同时，两证交所也将一起开发项目，使部分在上交所上市的股票在太平洋证券交易所双向挂牌上市。有13家境内证券机构取得经营B股资格，8家境外券商成为B股境外代理商，2家成为境外分销商。上海市证管办还组织力量起草了《境内证券经营机构经营上海人民币特种股票业务的若干规定》。

【规范化建设】　1995年上海市证券管理部门，加强查禁透支交易行为的监管；加强对证券市场信息传播的管理；积极协助中国证监会查处市场违规案件；起草《境内证券经营机构经营上海人民币特种股票业务的若干规定》、《上海市证券投资咨询管理办法》等。

（鲁孝年）

深圳证券市场

【概况】　深圳是与上海互相竞争、共同发展的又一个全国性证券市场，是中国市场经济体系中表现最为活跃和最引人注目的组成部分。深圳证券市场在1995年得到长足发展，市场进一步规范和成熟。

【市场规模】　1995年，深圳证券市场上的上市公司已由1994年的120家发展到135家，其中A股公司已有127家，新增9家，A股流通股本随之增加16036万股；B股公司已有34家，新增10家，增幅42%，上市B股股本增加92625万股。1995年底，深市拥有532家会员单位，而投资深市的人数也较上年增加50万，达到550万户。1995年，深市在交易金额增长率、会员增长率及投资者增长率等相对指标上超过了上海。

【交易市场】　相对于沪市平稳的局势，深市在1995年的表现更趋平静，其走势以下跌调整为主调，年初以成指987.08点开盘，年终则以980.25点年度最低位收盘。深成指基本在1030点到1300点之间徘徊，而且沪强深弱的局面依然没有改变，从全年走势看，深市一直紧随沪市之后一步一趋，几乎也和沪市一样，走过了三波行情。2月下旬，受T+1交割方式取消和国债市场火爆影响，在沪市的带动下，深成指上升10%。随后又在沪市的带动下急剧下跌。5月17日，由于中国证监会下令暂停国债期货交易试点，5月18日，深市跳高至191点开盘，成交量较前日增加60倍，至5月22日，深市冲至1473.20点的全年最高点。而后受55亿新股发行的影响，与沪市并肩跳水。下半年，由于新股上市带动大盘，以及基金的火爆，低价大盘股的崛起和深市权证的炒作，使深市成指在

8月21日冲到1327.97点的全年第二高位。随后,由于10月25日中国证监会发出关于整顿商品期货市场的通知,深成指再次冲高至1249.49点,此后深市直线下行不见反弹迹象。年末伴随“权证”的疯狂炒作,深成指下破1000点大关,报收于980.25点年度最低位。收盘指数较上年跌去19.47%。在平静的大盘下面,一些个股也曾掀起阵阵波澜,如苏常柴、川老窖绩优股和赣江铃、湘中意等购并题材股,基金、权证等也有过机会和表现。

深市B股市场全年亦一直低迷,深交所1995年推出了几项改革措施,如降低B股清算费用,由0.6%降至0.5146%,实行“T+0”回转交易方式,交易单位由1手2000股改为1股,由3家银行分开清算改为集中清算等,以期活跃B股交易,但最终没有收到预期的效果,深证成份B指从年初开盘783.64点到年终以533.66点报收,年跌幅为31.52%。

深市基金在下半年开始热络,全年基金成交204.52亿元,是1994年成交量的数倍。

【市场建设】 深交所在深圳市政府及深圳市证管办的支持下,1995年改进了深交所交易结算系统工程,完善了市场服务措施,包括下调卫星通信网的诸项收费标准;采用通过交易系统进行报盘认购配股新方式;结算公司统一管理股份明细;改进B股清算体制,建立B股中央结算系统;编制深证基金指数。 (鲁孝年)

北京证券市场

【概况】 1995年北京证券市场在市场规模、规范化建设方面取得较大进展,并开始从探索阶段逐步进入规范化发展阶段。

市场规模扩大 在发行市场方面,1995年发行凭证式国库券115.5亿元,比1994年增加32.9%;北京市6家上市公司股票流通市值16.75亿元,比1994年增加20%;发行企业债券57.3亿元。在交易市场方面,1995年各种有价证券交易总额1619.24亿元,比1994年增加140.68%,其中股票交易额472.06亿元,其他债券(包括金融债券、企业债券、国家投资债券、大额定期存单等)60.88亿元。

证券经营机构增加 1995年北京证券经营机构中除国家在京机构外,还有大量外省市的证券机构,包括华夏证券有限公司、广发证券公司、海南赛格国际信托投资公司等设立的营业机构。至1995年底,在北京经批准可经营证券业务的金融机构57家,设立了81个证券交易营业部,比1994年增加3.58%。拥有上交所席位的会员66个,深交所席位的会员47个。1995年底北京证券投资者304602户(人),比1994年增加63.23%。

【规范化建设】 1995年北京证券市场的有关主管部门加大监管力度,并强化对证券机构的日常管理和审批管理,发挥证券业协会在行业自律方面的作用,制定行业管理规章制度,促进行业自律水平的提高。 (钟正)

湖南证券市场

【概况】 湖南省坚持规范试点,稳步发展的方针,证券市场取得了较大的发展。证券市场管理体制逐步理顺,湖南省政府先后批准成立了湖南省证券管理委员会和湖南省证券监督管理委员会。

证券市场规模 湖南企业股份制改革发展较快,至1995年底,湖南省共批准设立股份有限公司135家,股本总额60亿元,其中中意集团、株洲火炬、衡阳中药等企业相继在深圳上市,同时谋求有关企业在境外上市和发行B股。湖南证券交易中心拥有会员64家,交席位110个,交易品种428个,1995年交易中心证券成交额391亿元。

【证券机构】 湖南省已形成湖南证券、湘财证券、长沙证券3个专业证券公司和湖南证券交易中心为主体的证券经营网络。至1995年底湖南省投资者34万余户,1995年湖南省证券交易总额900亿元。

山西证券市场

【概况】 近几年山西经济迅速发展,证券市场从无到有逐步发展起来,建立和健全了证券监督管理体系,为了推进国有企业股份制试点工作,山西省于1992年成立了股份制领导小组办公室,加强了试点工作的领导,1994年成立山西省证券管理委员会,组建了山西省证券管理办公室,促进了证券业规范化发展。

证券市场规模 山西省1993年改制了山西杏花村汾酒厂股份有限公司,公开发行了汾酒股份5000万股,并于1994年6月在上海证交所上市。此后成功组织山西经纬纺织机械股份有限公司在香港发行H股股票。截止1995年底山西省组建各类股份公司(含城镇股份合作制)5914家,注册资本总额96亿元。

【证券机构】 山西省建立起了地方区域性证券交易场所—山西证券交易中心,并与沪、深证交所联网运行,组建了相对独立的交易体系、清算体系、管理服务体系。同时初步形成功能齐全的证券经营网络和中介服务体系。至1995年底,山西省有从事证券经营的专营机构2家,兼营机构9家,证券经营网点100多家,在上海、深圳证交所占席位50多个。为证券经营和企业发展服务的资产评估机构、律师事务所、会计师事务所及其他咨询机构已经中国证监会批准,取得为上市企业服务的资格。

武汉证券市场

【概况】 1995年武汉证券市场在规范化建设、市场规模扩大等方面取得了进一步的发展。至1995年底,武汉市股份有限公司142家,总股本86.4亿元。武汉商场、武汉凤凰、武汉长印、武汉双鹿、武汉电缆等5家公司股票先后在上海、深圳证交所上市交易。武汉证券交易中心拥有3个交易厅,交易席位704个;拥有SDM卫星通讯系统和DDN通讯系统。交易中心以国债业务为主,1995年国债交易量6473.5亿元,同时开展基金和股票交易业务,共有12只基金在中心上市交易,交易量3.45亿元。

【证券机构】 武汉市已开立深圳、上海股票交易帐号的投资者35万户,开立基金交易帐户的投资者8万户。在证券市场中,形成了比较完善的证券中介服务体系,有从事证券业务资格的会计师事务所4家,律师事务所7家,资产评估机构4家,证券登记公司1家。

【规范化管理】 武汉市证券管理部门注重建章建制;并着于建立了证券经营机构、股份公司的业务资料档案;加快对会计师事务所、律师事务所、资产评估机构等证券中介机构的监管指导;加强证券业协会作为行业自律组织的监管职能。

青岛证券市场

【概况】 1995年青岛市认真贯彻执行国家有关证券市场的管理法规，加大宏观监管力度，在证券市场规模、证券机构建设方面都有进一步的发展，逐步形成以青岛证券交易中心为主的区域性证券网络。

市场规模 1995年底，青岛市累计证券交易额645.7亿元，比1994年增加106%，其中股票(含基金)交易额111.36亿元，债券交易额534.37亿元。1995年青岛证券交易中心会员证券交易额212.6亿元，比1994年增加134.6亿元，交易中心会员80家，交易席位137个，分别比1994年增加20家和28个。同时青岛证券交易中心通过DDN主干网与上海证交所光缆联网，开通了上海证交所国债回购联网业务。

【证券机构】 1995年底，青岛市证券专营、兼营机构19家，开设证券交易营业部33个，分别比1994年增加2家和3个，证券从业人员素质有较大提高，形成稳步发展的态势。1995年投资者队伍进一步扩大，拥有开户股民10.7万户，比1994年增加23%。

香港股票市场

【概况】 香港股市恒生指数在1995年1月曾下挫至6967.93点，为1994年初市场攀上历史性高峰之后的最低点。但随后股价稳步上走，至12月29日以全年最高点10073.39点收盘，年涨幅达22.98%，为亚太区各股市中表现最出色的市场。

国企H股市场在1995年经历了严峻考验。由于国内一系列政策调整、海外投资者以往形成的预期过高以及国企自身的因素，H股价格均受到压力，全年恒生国企指数下挫达29.22%。

【发行市场】 由于港股全年交易量减少，使股份配售和供股活动受到抑制，全年新筹集的资金仅有157.71亿港元。1995年，共有26家新公司在香港联合交易所上市，集资金额为76亿港元，相对于1994年的53家新公司和171亿港元，有较大幅度减少。此外，年内共有179只新证券上市，而1994年有242只。至1995年底，香港股市共有上市公司542家，上市证券1033只，股票市价总值为23483亿港元，较1994年底增加13%。

联交所年内继续完善上市体制，修订了《证券上市规则》，规定所有上市发行人必须在中期和年度报告内，刊载是否遵守联交所的《最佳应用守则》的声明。另一项修订是要求上市银行披露更多财务资料，包括内部储备水平等。联交所还与香港证监会组成联合工作小组，审核董事承诺所列载的资料与有关程序，随后发出有关董事申报过往刑事纪录的咨询文件。

【交易市场】 1995年，香港股市经历了内外不少事件，墨西哥金融危机、美元汇率大幅下跌、霸菱银行倒闭，加上香港地产市道不景气、失业率攀升及消费指数下挫等；但是，若干积极因素带动了股市的回升，下半年尤为明显。

在经济的平缓增长中(本地生产总值全年增长5%)，市场预期利率可能见顶、楼市止跌回稳，加上中英在香港问题上的合作有所改善，投资者增强了信心，海外资金也不断涌入港股。自2月份以后，大市随纽约股市的乐观情绪而大力反弹。7月，美联储调低利率，恒生指数升至9500点以上。在市场对美联储再次减息的憧憬下，港股在10月突破了10000点心理关口。临近年关，越来越多的投资者预期96年股市靠稳，加上美国终于在12月减息，香港相随调低息率，令股市一片畅旺，交易量开始显著回升。恒生指数年底猛升至10073.39点，以全年最高点收板。港股95年度的成交总额为8268亿港元，比94年减少了27%，但接近年底时，交投已见回升。

【H股市场】 1995年上半年，国企H股走势较为平稳，恒生国企指数在900—1000点之间波动，7月12日达到年内最高点1098.58点。8月份以后，一些H股公司公布的中期业绩不太理想，加上投资者对内地调控政策的担忧，以及其它一些传言，国企股价受压，至11月，海兴轮船宣布利率补贴取消，国企指数出现爆跌，达到672.70点的历史新低。年底，指数以757.12点收盘。

由于市场气氛欠佳，年内只有两只中国H股公司在联交所上市，即吉林化工和东北输变电，集资约19亿港元。

【市场要事】 2月13日，香港联交所发表名为“发展路向”的策略报告，确定今后3年的发展目标及计划。5月18日，香港证监会向市场发出有关单位信托及互惠基金的广告宣传指引。7月1日，联交所修订《证券上市规则》，将标准的证券登记时间由14日减至10日，10月16日，联交所对此规则又作了两项修订。9月1日，联交所将交易时间由下午3:45延长至3:55，使股市收市时间更接近期货市场收市时间。9月8日，联交所推出股票期权市场，至年底共推出汇丰控股、长江实业等9只股票期权类别。11月22日，联交所发表衍生认股权证的咨询文件，就衍生认股权证的发行，性质及发行机构的问题，征求市场人士意见。

(朱长征)

台湾股票市场

【概况】 1995年，台湾股市面临岛内经济增长逐季下降等不利经济因素及其它非经济因素冲击，发行量加权股价指数自年初的最高点7051.49点持续下滑，年中曾低探4503.37点，其后在当局各项稳定措施刺激下，股价指数在年底以5173.73点收盘，较1994年底封关指数下跌27.38%。在一些业务领域及市场的对外开放方面，台湾股票市场在95年度仍取得了一些进展。

【发行市场】 股票 1995年台湾共有组新企业等41家公司股票在台湾证券交易所初次上市，上市股份共41.3亿股。截止1995年底，在集中交易市场上市的公司共计347家，上市股票383种，上市股份总数1324.62亿股，比1994年度增加252.91亿股，增幅为23.60%；上市股票市价总值为51084.37亿元(新台币，下同)，较1994年减少13959.31亿元，降幅为21.46%。

受益凭证 1995年底累计在集中交易市场挂牌的受益凭证共18种，83.99亿单位。

债券 至1995年底，上市政府公债共计38种，余额8609.5亿元；上市公司债券18种，余额70.73亿元；此外，以外币计价的小龙债券共计3种，其中以美元计价者2种，金额为6亿美元，以日元计价者1种，金额300亿日元。

【集中交易市场】 元月5日为集中交易市场95年度第一个营业日，加权指数当日以7051.49点收盘，为该年度最高点，而后因台湾通货膨胀压力浮现，货币政策趋紧等不利因素影响，以致股价指数盘旋趋跌。年中海峡两岸出现紧张形势，加上彰化四信挤兑风波及国际票券事件等的影响，8月14日股价指数达到1995年度最低点4503.37点。其后，管理当局采取了调高邮政储金释出比例、放宽选择性信用管制及扩大引进外资等多项措施，股市跌势得到扭转，加权指数震荡趋坚，突破5000点。第四季度，股市再次受两岸紧张关系等因素影响，股价走势疲软，成交金额持续萎缩，于11月20日以成交121亿多元，创下该年度最低成交金额，股价指数也跌至4565.72点，此后，在管理当局拟放宽外资汇出、汇入限制等国际化措施下，加权指数受激上攀，年底以5173.73点收盘，较上一年度封关指数7124.66点下跌1950.93点，跌幅为27.38%。

在1995年度286个交易日中，股票成交金额共计101515.36亿元，较上年度减少46.04%；成交量2672.98亿股，较上年减少23.90%。受益凭证全年成交107.8万笔，成交金额1517.9亿元，较上一年度减少76.89%，成交量152.92亿单位，减少73.09%。债券方面，全年可转换债券成交18.67亿元，比上年减少75.37%。1995年股票、受益凭证和债券等总成交额为103051.97亿元，较上年减少47.09%。

【市场管理及业务发展】 台湾证券交易所于1995年修订了《有价证券上市审查准则》、《审查有价证券上市作业程序》等相关规章，并编制了《审查上市案内部作业手册》。为吸引海外公司赴台发行台湾存托凭证，台湾修订放宽了台湾存托凭证上市的相关规定，除增加在美国、德国、法兰克福、法国巴黎等多个交易所上市的公司均可申请发行台湾存托凭证外，对外国公司的获利能力也作了降低，募集资金至挂牌交易的时间也予缩短。1995年2月4日，台投资人与证券商之间的交割作业全面采取款券划拨交割制度，降低交割业务中的不便与风险，同时制止投资人以证券商开立的支票向第三人贴现而造成违约的现象。95年间，环华、富邦、安泰等多家证券金融公司相继开始营业，台证管会于8月份公布放宽有价证券信用交易之融券限额及调整融券保证金比例，11月，证管会放宽证券商申请办理有价证券融资融券业务。

在国际化方面，台湾财政部门将单一外资投资台单一发行公司的持股比例上限由6%提高到7.5%，全部外资在任一发行公司的上限由12%调高到15%。（朱长征）

經緯與紡織
工業共輝煌

經緯紡織機械股份有限公司

JINGWEI TEXTILE MACHINERY COMPANY LIMITED

總經理：劉世同

總部：山西省太原市塢城路15號

電話：(0351)7066168

傳眞：7066168

郵編：030006

榆次分公司：山西省榆次市經緯路150號

電話：(0354)2422878

傳眞：2425428

郵編：030601　電挂：2894榆次

中國輕騎集團

CHINA QINGQI GROUP

濟南輕騎摩托車股份有限公司

董事長兼總裁：張家嶺

董事長兼總裁：張家嶺

地址：山東省濟南市和平路 34 號

電話：6953325　傳真：6954219

郵編：250014

濟南輕騎摩托車股份有限公司創立于 1993 年 11 月 28 日，是經山東省體改委批準，中國證監會復審通過于 1993 年 10 月 17 日公開發行股票，于 1993 年 12 月 6 日在上交所上市交易的股份制企業。公司下設三個分廠：第一總裝廠、第二總裝廠和發動機廠，是國家定點生產摩托車的大型骨干企業，具有先進的生産裝配綫、烤漆生産綫和焊接、機加工設備，現擁有固定資産 2.6 億元，總資産 10.2 億元；淨資産 7.5 億元，股本總額 24864 萬股，職工 5600 余人，各類專業技術人員 1000 余人，現已形成年産發動機 100 萬臺，摩托車 100 萬輛的生産能力。1995 年實現銷售收入 27.7 億元，利税總額 4.1 億元，税后利潤 1.2 億元，在 1994 年中國最大五百家股份制企業中名列第 22 位。

公司通過不斷引進和自行開發，産品已發展爲 8 個系列、50 余個品種，産品品種、檔次、質量居全國之冠，輕騎、木蘭牌摩托車榮獲全國暢銷國産商品“金橋獎”四連冠，并被授予“全國最暢銷國産名牌商品”稱號。目前産品市場占有率爲 18%，并遠銷三十多個國家和地區，出口量占總産量的 10%。公司先后派出 18 批一千余人赴日本鈴木公司研修學習。目前公司現場管理已成爲全國同行業的排頭兵。

栏 目 协 办

广州中期期货纪经有限公司

第三编

中国期货市场

108/116

中国期货市场

中国期货市场

【概况】 按照“先试点、后推广、宁肯慢、务求好”的原则，1995年中国期货市场逐步进入了有序规范的试点阶段。一年来，期货业在体制改革、自律、管理、规范运作、风险控制以及国际交流等方面都取得了较大的进步，市场规模也进一步扩大。

市场的整体秩序得到有效改善 3月28日，国内贸易部和中国证监会联合发布《关于暂停中远期合同交易的通知》，此举结束了一些单位假借“中远期”之名行期货交易之实的不合理局面。随着中国证监会先后对国内试点交易所的章程、交易规则及上市品种进行严格的重新审批，各交易所有关规章得到了进一步完善，增强了各交易所在组织、规则方面的协调性、统一性。6月22日，各试点交易所负责人在深圳召开的“第三届全国期货交易所联席会”上提出，要进一步加强期货统一大市场建设和行业的自律管理，倡议各市场不搞“协议平仓”，不出台临时措施和对市场违规者实行行业通报制度。9月11日，中国证监会正式印发《关于期货交易所进行会员制改造的意见》，自此，各试点交易所开始进行会员制改造工作。截至年末，经中国证监会批准实行会员制改造方案的交易所有：上海商品交易所、上海金属交易所、海南中商期货交易所。11月2日，中国证监会和国家工商行政管理局联合发布《关于审核期货经纪公司设立期货营业部的通知》以及《关于审核非期货经纪公司会员从事期货经纪业务的通知》，再次对期货经纪公司及其业务管理进行了较为全面的整顿和规范。此外，中国证监会还有针对性地加强了对严重违规、违纪期货经营机构的监管力度。自5月下旬起，中国证监会相继对因蓄意违规、操纵市场的广东新时代、无锡国泰、广东金创等期货经纪有限公司作出取消其从事期货经纪业务资格的决定；10月31日，中国证监会又发出《关于对长春商品交易所管理混乱、造成恶劣影响进行处理的通报》，决定：长春商品交易所停业整顿6个月。

风险控制制度进一步统一和规范 10月24日，中国证监会发出《关于进一步控制期货市场风险、严厉打击操纵市场行为的通知》，要求各交易所对活跃品种实行最大持仓限量制度；禁止“T+0”结算；禁止用仓单做抵押进行投机交易；禁止未经证监会批准的任何机构从事二级代理业务；要求各交易所严肃查处超量持仓、垄断市场和联手操纵市场的行为等。

【交易市场】 *市场成交量扩大，流动性增强* 1995年中国期货市场全年成交合约手数为6.175亿张，成交总额为9.96万亿元人民币，到1995年底，全国期货经纪公司330家，期货业从业人员达20多万人，初步奠定了中国期货业在国内外的地位。同时，期货市场套期保值和市场价格形成功能得到一定发挥。1995年全国期货交易所的会员总数为2832家(代理客户115896家)，其中经纪公司约占总数的33.7%，自营及兼营机构所占比重为66.3%。经批准运行的期货品种有5大类36个品种，其中有10个是正式运行品种。1995年期货市场在电解铜、重熔铝、胶合板、棕榈油、天然胶、大豆、绿豆、豆粕、啤酒大麦、玉米、籼米等期货交易品种方面，市场成交量不断扩大，市场流动性逐步增强。其较大的市场流动性和较高的市场效率保障了企业和个人直接或间接的套期保值交易，从而为诸多相关企业提供了直接回避风险的良好市场条件和交易环境。同时市场形成的交易价格的影响相应扩大，交易价格基本体现了市场相应商品供求状况，为政府加强调控提供了较有用的信息。

国债期货交易被暂停 进入1995年，国债期货交易持续活跃，其中各试点期货市场建立了涨跌停板和持仓限制等风险控制制度，但2月23日，上海证券交易所“327”国债期货品种发生严重蓄意违规行为，在国内外金融界造成极大影响。5月17日，中国证监会发出《关于暂停国债期货交易试点的紧急通知》。此后，各有关交易所开始了紧张而细致的国债期货平仓、清场及善后工作。9月20日，监察部、中国证监会等部门经过联合调查后公布了对“2·23”事件的查处结果，对有关证券机构和责任人员分别给予了严肃处理。

【国际化进程】 1995年7月11日，中国证监会成为证监会国际组织的正式成员，这是在巴黎第二十届证监会国际组织年会上作出的决定。在此前后，中国证监会还分别与香港证监会、新加坡金融监管局签署了有关监管合作备忘录。11月30—12月1日，全国期货交易所联席会倡议，香港期货交易所和全国期货交易所联席会共同主办的“国际期货及期权交易所会议”在香港举行。到会的28家全球主要期货及期权交易所领导人，就期货市场的发展、风险控制与管理以及加强全球交易所的交流与合作等重大问题达成共识。 (徐文元)

中国粮食期货市场

【概况】 1995年粮食期货市场发展进一步规范化，市场份额所占比重越来越大。经中国证监会批准的试点期货交易所大部分都设有粮食期货交易品种。其中交易较活跃的品种有大豆、籼米、绿豆、红小豆等。特别是国债期货市场暂停交易后，北京的绿豆、天津的红小豆、苏沪的玉米等品种交易逼仓现象迭有发生，监管部门出台了调整玉米交易保证金，停止公布现货采聚价和禁止非实物产割的规定。

【大豆期货】 1995年大豆期货交易主要在上海粮油商品交易所和大连商品交易所进行，行情呈现温和小幅波动。从上海粮油商品交易所1995年度的各期合约价格走势看，合约的最低价位逐步抬高，闻高价位不断攀升。从年初的大豆5503合约的每吨2350元逐期攀升到年底大豆9603合约每吨3000元以上，并且远期合约相对于近期合约价格持续上升。这种大豆期货价格的走势基本反映国内外现货价格的远期趋向和供求关系。1995年国内大豆种植面积减少，供求缺口较大，国际大豆产量比1994年减少。

【籼米期货】 在粮食产品中，籼米的产量较大，作为期货合约籼米期货合约首先在上海粮油商品交易所推出，并于1995年6月12日在广东联合期货交易所推出。由于合约设计合理，籼米期货成为1995年粮食期货中较炙活跃的品种。在广东联合期货交易所，籼米合约开始是多头为主，进入10月份后多方主力超量持仓，价格一度创下新高，日成交量达历史记录，此时由于有关主力会员严重违规，并被中国证监会吊销期货经纪业务许可证。加之期货价格大大超过现货价格，行情反转，价格跌破3000元价位，随后市场成单边跌市，价格逆转直下，到年底，籼米近期合约期货价格跌至2400元左右。上海粮油商品交易所10月30日重新修订后的籼米期货合约恢复上市，走势先升后跌，成交活跃。9601合约从10月30日的2900元高位一路下跌，到12月上旬在2700元附近跌势减缓，但仍逼近2600元。

【红小豆期货】 红小副期货合约于1995年8月在苏州商品交易所设计推出，95系列合约价格因1994年红小副大幅增产、现货滞销积压影响从3500元开始反转盘落，HD510和HD511合约价格分别以1980元和2056元交收。只有HD512合约进入现货月之后才出现大幅攀升，于2805元交收。此后96系列期货合约价格逐步盘升，受1995年新副减产、注册仓单减少、严势新旧红豆混合交收等利多因素影响，同时主力机构参与，使进入12月份之后的96系列期货合约价位频频创新，持仓量长时间处于饱和状态。

【绿豆期货】 1995年绿豆期货继1994年的跌势惯性持续到1995年3月，价格也由1994年10月的37200元跌至23400元，此后在总体牛市形态，到1995年5月价格达到40000元，其后两个月呈价格小盘下跌势，到7月价格位于23000元，此后直至年底，价格不断攀升，达到39500元。全年价格猛涨猛跌，投机气氛浓厚，在成交量上，上半年成交活跃，下半年相对平稳。 （古悦）

广东期货市场

【概况】 1995年是广东期货市场调整、规范、稳定的一年，总体市场规模有所缩小，交易品种减少，而经过强化的风险管理体系已初步发挥出抵御过度投机的作用。

期货交易机构　1995年，广东省有期货交易所2家，会员387个，经中国证监会和国家工商局首批认可的期货经纪公司46家，占全国的1/3强。1995年是广东联合期货交易所和深圳有色金属联合期货交易所经重组进入稳定运行的第一年，实行了由中国证监会重新审核批准的交易所章程、交易规则，逐步由现行体制向自律性非营利会员制企业过度，实行投机头寸绝对限仓制、大户报告制、保证金制、涨跌停板制、风险基金管理等办法，以抑制过度投机，控制市场风险。至1995年底，广东联合期货交易所有交易席位166个，会员207名，范围覆盖全国24个省、市、自治区；10月，交易所对在籼米7111合约交易中蓄意严重违规的广东金创期货经纪公司作出罚款和取消会员资格，收回席位的处罚。担任广东联合期货交易所清算工作的广发清算公司，通过重新确定股比，加入有实力的股东，将注册资本金扩大到1亿元人民币，同时建立风险基金，在风险基金的提取、清算公司的运作等方面提出新规定，提高了抗风险能力。

1995年，深圳有色金属期货联合交易所有会员221个（包括双席位会员15个），其中生产企业24家，消费企业8家，流通企业151家，经纪公司38家。批准了14家会员席位的有偿转让，审查推荐了100家非期货会员经纪公司从事期货经纪业务；修订并公布有《会员管理暂行办法》、《关于套期保值交易的暂行办法》、《结算细则》等十多项管理制度；1995年6月起，当日交易价格信息开始在香港无线电视播出。

【交易市场】 1995年曾在广东联合期货交易所上市而已停开的商品合约共计有：1号铜（已停开），国债（5月停开）、远期糖（8月停开）、90号汽油（12月停开）、0号柴油（12月停开）等5个品种；仍维持交易的有特级铝（经中国证监会批准的正式品种）、籼米及豆粕（证监会批准试行品种）等3个品种。最高日交易额达1030598.90万元人民币（2月），最低时2193.93万元人民币（10月）；最高日交易量在10月曾达到259190张，而在6月达到日交易量最低3423张；最高月交易量为12月的1491408张，最低为4月的56294张，其中期铝年成交64496张，合计3063012.52万元；籼米合约6月开办以来成交量3279012张，合计8474041.30万元；豆粕7月开办以来成交2567302张，合计6704958.75万元。全年成交合约7231516张，约3867.12亿元人民币。

深圳有色金属联合期货交易所上市的正式品种有期铜、期铝，另有铅、锌、锡、镍期货及特级铝中远期合同等试运行合约5个，其中期铜、期铝是较为成熟并与国际市场接轨的品种。1995年开通了武汉、杭州、北京、上海、宁波等地的异地同步交易网点，并制订有相应的管理制度。年内交易额2414.2亿元人民币，比上年增长47.7%，全年实物交割率为1.93%，履约率100%。

国债期货　广东联合期货交易所从1994年10月开始开办国债期货交易。1995年上市国债期货品种有92—3，93—3，92—5券，每口期货合约10万元，保证金率1%，广东联合交易所国债期货到5月停止交易时止，共成交1248682张，18796259.61万元。发生“327”事件的2月，广东联合期货交易所国债期市基本稳定，没有发生大的波动，月交易量为437952张。

深圳国债期货交易开办较晚但增长迅速。深圳证券交易所自1994年9月开办国债期货交易到1995年5月17日为止，上市有92—3、92—5、93—3、93—5、94—2等5个券种，起初规定每口合约价值1万元，保证金率1.5%，“327”事件发生后，深交所完善了涨跌停板制度，5月17日前的涨跌幅为前一日收盘价的±2元；国债期货初始保证金提高到1550元/口，进入交割月保证金升到3000元/口；1995年5月17日，国务院下令停止国债期货交易时，深交所的持仓量达68万口，涉及资金68亿元，客户6300余名。深交所1995年国债期货交易额7644.70亿元。

【规范化建设】 1995年，广东省期货监督管理委员会在省政府期货市场领导小组授权下，执行国家证监会政策，加大了对期货市场监管力度，省工商局、省人民银行、法院、公安局协调，重点清理整顿期货交易所、期货经纪公司，进一步规范经营机构的经营行为，查处非法经营活动，保证期货市场在规范中发展。

完善风险防范机制　督促广发清算公司进行增资扩股，建立风险基金及其提取制度等新的运作规定；建立交易所和清算公司报告制；对交易所进行有效监管，抑制交易所追求交易量而忽视市场规范的倾向。 （卬理）

期货交易机构

上海粮油商品交易所

【概况】 1995年上海粮油商品交易所坚持规范交易，在稳步发展市场方面取得了一定的成效。始终将风险控制作为市场管理的核心，完善了交易章程和规则；进一步健全头寸限制、保证金制度和交割规程等风险监控系统，制定了风险预警防范方案。同时健全交易所内部管理的规章制度等。交易所总裁：贺涛。

【业务范围】 交易所经批准的上市合约有大豆、籼米、红小豆、绿豆、玉米、白小麦、啤酒大麦、红麻、黄麻等9种。1995年交易所累计交易量为1350.42万手，计6752.09万吨，交易金额1740.16亿元。会员由1994年的72家发展到120家。同时交易所改善了交易计算机系统，扩大了信息传递渠道和覆盖面，增建了远端工作站，增设了交割仓库。

上海商品交易所

【概况】 交易所是经中国证监会审核并报国务院批准，在原上海石油交易所、上海建筑材料交易所、上海农业生产资料交易所和上海化工商品交易所的基础上联合组建，成立于1995年1月16日。交易所实行会员制，交易所的注册资金由会员认购，会员资格及席位可以有偿转让。会员大会是交易所的权力机构，理事会是会员大会的执行机构，交易所还设立监事会及会员资格审查委员会、价格委员会、规则委员会、交易行为管理委员会、调解委员会和预决算委员会。交易所内设发展研究部、交易部、法规部、监审部、结算中心等机构。交易所设立结算中心，专门为交易提供清算服务和履约财力担保。理事长是法定代表人。交易所理事长：金人杰，总经理：钟福棠。

【业务范围】 交易所拥有会员271家，交易席307个。上市的主要品种有橡胶、聚氯乙烯、高压聚乙烯、聚丙烯、棉纱、胶合板、525普通硅酸盐水泥、5毫米浮法玻璃等。交易所采用无纸化交易。

天津联合期货交易所

【概况】 交易所是经中国证监会审核批准，在天津金属交易所、北洋（天津）商品交易所、天津商品交易所的基础上组建的，交易所实行会员制，形成会员大会、理事会、专业委员会、行政机构等组成的管理体系。交易所理事长：汪文贤，总裁：张彦兵。

法制建设　交易所在新的领导班子的组织下，重新修订了《实物交割细则》、《强制平仓管理办法》等系列风险控制制度，制定了交易活跃品种铜和天津红小豆持仓总量控制线，加强对交割仓库的管理，与13个交割仓库签订协议书，从交割环节保障期货交易的顺利进行，加强了会员管理，对会员资格进行重新认定，对交易员开展系统的培训，持证上岗。

【业务范围】 交易所于1994年底正式试点运行，实行分厅交易，1995年10月4日，实行集中统一交易形式，改善了交易环境，提高了服务水平。交易所拥有会员150家，其中经纪公司会员约占会员总数的40%，会员遍及全国27个省、市、自治区。

中国郑州商品交易所

【概况】 1995年，中国郑州商品交易所各项业务稳步健康发展。在活跃交易、风险控制以及与国内外学术、业务交流等方面取得了一定的进步。1995年5月28日，郑交所召开了第二届会员大会，选举产生了理事会、监事会及新一届领导班子，成立了交易、会员资格审查和仲裁三个专业委员会，按照会员制的要求顺利地实现了换届工作。现行的管理体制为理事会领导下的总裁负责制，下设综合部、期货交易部、现货交易部、结算中心、信息中心、研究开发中心等工作部门。交易所总裁：李经谋。

【业务范围】 1995年，郑交所开通异地交易系统14处，发展新会员108家，会员总数达到256家，遍布全国28个省、市、自治区；全年共成交标准化期货合约3660万张，成交金额11880亿元，分别比1994年上升158%和242%；成交现货粮油218万吨，总金额40.8亿元。规范运作第一、风险控制至上始终是郑交所管理市场的指导思想。1995年，郑交所认真落实了中国证监会有关风险控制的各项措施，积极探索适合中国期货市场实际的管理机制，出台了解决“单边市”等问题的措施，有效地遏制了期市风险。同时，加强国内外学术业务交流。1995年郑交所与国内外科研机构及大专院校确立了多项联合研究课题。与美国斯坦福大学、中国社会科学院、北京商学院、河南财经学院、郑州粮食学院等分别就期货市场的逼仓问题、价格形成问题、农产品市场、中介机构及套期保值等问题分别进行合作研究。郑交所加入了国际期权（期货）市场协会，与加拿大温伯商品交易所、日本关西农产商品交易所分别签署了友好合作协议。　（中国郑州商品交易所）

苏州商品交易所

【概况】 交易所是经中国证监会批准的国家试点期货交易所，属非盈利性的会员制事业法人单位，成立于1991年6月。交易所实行理事会领导下的总裁负责制，会员大会是交易所的权力机构，理事会是会员大会的执行机构。交易所理事长：唐志新，总裁：颜羽。

【业务范围】 1995年交易所积极开发设计新品种期货合约，先后推出了胶合板、红小豆期货合约上市，成交活跃，全年共成交期货合约176878032手，成交金额15015.96亿元，日平均成交金额60.3亿元。至1995年底，交易所拥有会员255家，其中期货经纪公司会员121家。交易所在规范化管理方面，采用逐日盯市盈利结算制，选用了先进的动态保证金监控体系，完善了涨跌停板、大户报告、持仓限额、结算基金、风险基金等风险管理制度，对会员单位代理业务实行编码管理，防止大户操纵市场。同时交易所配备了美国容错机较新型的CONTINUE 125大型机工作主机，具每秒撮合560笔合约成交能力。交易所的价格行情信息进入了中国通讯广播卫星公司、德励财经、路透社等卫星传播网。

重庆商品交易所

【概况】 重庆商品交易所成立于1993年4月，是经国务院同意中国证监会批准的首批试点期货交易所之一，是实行自律性管理的会员制法人。交易所注重期货市场套期保值、回避风险、价格发现功能的发挥，坚持规范管理，严格控制风险。交易所会员100余家，分布于全国近二十个省市自治区。

【业务范围】 交易所主要组织铜、铝等有色金属品种的期货交易，并正积极开发农副产品及贵金属，恢复线材的期货交易。1995年，共计251个交易日，成交合约290308张，成交金属材料290余万吨，总成交额为589.2076亿元。交易所还进一步完善标准仓单的程序及指定仓库管理，全年共计交割实物43270吨。在交易所成交活跃的品种线材停止交易的情况下，交易额仍比1994年有所增长。交易所开通了路透社、香港霸才、SIC资讯系统、中广卫、新华财经等14套国内外有影响的信息资讯系统。

大连商品交易所

【概况】 大连商品交易所成立于1993年2月28日，同年11月18日正式开始期货交易。交易所是东北第一家期货交易所，也是国家首批11家试点交易所之一。交易所全面贯彻执行国务院及证监会的有关方针政策，充分发挥大品种优势，坚持规范化管理，严格控制风险，在稳定中持续发展。交易所总裁：姜丽华。

【业务范围】 交易所上市品种以农产品为主，1995年5月23日经中国证监会批准，玉米、大豆为交易所的正式运行品种，干海带为试运行品种 。1995年交易所全年共233个交易日，累计成交量41136.6万吨，成交额7198亿元，分别比上年增长417%和503%；最高日成交量666.69万吨，最高日成交额114.82亿元。

海南中商期货交易所

【概况】 交易所是经批准的试点期货交易所，是实行自律性管理的非盈利性会员制法人，于1993年11月8日开业。交易所设有会员资格审查委员会、调解委员会、交易委员会，内设机构有交易部、结算部、交割部、电脑部、办公室、信息部、法规部、财务部等13个部室。交易所理事长兼总裁：张庶平。

法制建设 交易所建有以涨跌停板、头寸限制、大户申报等措施为核心内容的交易风险自动控制系统，在结算方面，形成以保证金和每日清算为基础的电子化结算体系，交割方面实行实物交割总量限制和交割头寸申报制度，同时制订了一系列内部管理规章制度。

基础设施 1995年交易所在海口启用了2个新交易大厅，海口的席位达216个。完成了电脑系统升级的准备工作，添置2台HPT500主机、1台Lanplex6000、2台集成路由器等，卫星地面站总数18个，设立了异地交易电脑响应中心。在信息服务方面，交易所为会员提供电话专线、X.25公用数据交换网和卫星通讯等信息传输服务，并自编有《每日快讯》、《中商周报》等资料。

【业务范围】 交易所的上市品种有橡胶、棕榈油、咖啡、可可、啤酒大麦五大品种。交易所1995年成交量1886.15万手，成交总额10517.90亿元，日均成交额41.90亿元。在龙头品种方面，天然橡胶成交量1000.56万手，成交金额7719.49亿元；棕榈油成交量359.24万手，成交金额1966.32亿元；咖啡于1995年6月6日经批准上市，成交量287.43万手，成交额564.79亿元。交易所1995年新增会员303家，会员总数430家，遍布国内29个省、市、自治区。

成都联合期货交易所

【概况】 成都联合期货交易所是由原四川粮油商品交易所、成都金属交易所、四川商品交易所、成都肉类商品交易所合并组建的综合性商品期货交易所，是国务院批准设立的全国十五家试点期货交易所之一。交易所于1995年9月1日完成合并组建工作并进入试运行。交易所内设研究发展部、交易部、结算部、交割部、监察部、会员管理与培训部、工程信息部、办公室、财务部等职能部门。总裁：孟庆山。

【业务范围】 除国家暂停交易的品种（如菜籽油、国债、线材）外，交易所共有上市交易的期货合约品种18个，其中粮油类11个：玉米、高梁、红小麦、籼米、糯米、大豆、豆粕、油菜籽、菜籽粕、桐油、棕榈油；金属类3个：铜、铝、镍；肉类2个：冻白条肉、冻分割肉；其他2个：胶合板、棉纱。1995年交易所（含合并前各所）总成交量为714.8万手，总成交金额820.6亿元人民币，按成交额比例，国债占46.5%，玉米占33%，高梁占11%，红小麦占7%，线材占2%，铜占1%。实物交割共1.1万手，交割金额1.1亿元人民币，按交割金额比例，玉米占89%。

北京商品交易所

【概况】 交易所成立以来注意基础设施和规范化建设，一些风险管理与控制措施得到推广，计算机交易系统升级改造，功能日益完善。开通了6个远程交易站点，增加了交易席位。完成了会员制改造工作。

【业务范围】 交易所积极参与组建全国交易所自律组织，扩大国际交流与合作，已成为协调国际期货期权事务的全球性期货业协会（FIA）的首家中国会员。至1995年底会员数量281家，遍布全国28个省、市、自治区。1995年成交金额21968亿元。

上海金属交易所

【概况】 交易所成立于1992年5月28日，是从事有色金属期货交易的专业性的金属期货市场，1994年10月被国务院批准为首批全国15家试点期货交易所之一，1995年8月经过会员制改造后，交易所为实行自律性管理的非营利性会员制法人。上海金属交易所设会员大会、理事会、监事会、总裁领导班子、专业委员会，会员大会是上海金属交易所的权力机构。理事会是会员大会决策机构。理事长是交易所的法定代表人。监事会是交易所的法律监督机构，总裁领导班子为交易所日常执行机构。专业委员会是由会员资格审查委员、价格管理委员会、法规委员会、调解委员会构成，主要是由会员组成，在理事会的领导下开展工作。交易所内设交易交割部、结算部、信息部、研究开发部、监察部、综合部、工程部。交易所理事长：周晓红，总裁：胡岳征。

【业务范围】 交易所有会员单位121家，其中经纪公司有35家。上市的品种有铜、铝、铅、锌、锡、镍六种有色金属，均采用标准合约交易。1995年交易所成交1684万吨，成交金额4558亿元。交易所较大规模的交易量和对套期保值者采取的一系列优惠措施，使期货市场特有的价格发现和套期保值功能得到充分的发挥。上海金属交易所在管理上既重视硬件的开发、引进和利用，同时又加强了软件的建设。在硬件方面，除了交易外，结算、交割也都实现了电脑管理。在控制交易风险方面，陆续采取了一系列强有力的措施。

广东联合期货交易所

【概况】 广东联合期货交易所是由华南商品期货交易所和广州商品期货交易所合并而成的大型综合性期货交易所。经国务院同意，中国证监会正式批准为试点交易所。交易所实行理事会领导下的总裁负责制。交易所下设交易交割部、信息部、电脑部、会员管理部、财务部和综合部、物业部。

【业务范围】 交易所参照国际期市惯例，实行会员制、保证金制、标准合约制、统一结算制，按照公开、公平、公正的原则，开展期货交易。交易所有办公交易场地4000多平方米，拥有4个交易大厅，共有交易席位260个，上市特级铝、籼米、豆粕等多类品种的期货合约交易。现有会员200多个，采用先进快捷的计算机自动撮合成交交易方式。在信息传送方面，现已开通路透社、美联社、中国广播卫星公司及广东图文电视等十多个同步信息系统，配合全自动电脑交易系统向会员和客户提供市场交易信息的即时显示等服务。同时，通过国内主要经济报刊、广播、电视等新闻媒介向社会发布有关行情。此外，还与世界闻名的期货交易所及全国各大期货交易市场建立了长期的信息联系，为参与交易者提供信息服务。

期货经营机构

广州中期期货经纪有限公司

【公司概况】 公司是中期(集团)公司在广东地区具有独立法人资格的子公司。公司主要股东有中国国际期货经纪有限公司、广州建银投资公司、广东省物资总公司、广州保税区国际投资发展公司等。公司下设风险管理委员会、交易一、二部、结算部、下单室、市场研究开发中心等业务部门。公司注册资本1000万元人民币，公司总经理：杨铁龙。

【业务范围】 公司主要代理国内各期货交易所的期货交易，不做自营，提供结算、交割、信息等服务。公司是广东联合期货交易所、上海粮油商品交易所、上海商品交易所、海南中商期货交易所、郑州商品交易所、苏州商品交易所等交易所的会员。公司已在广州、上海、苏州、海口等地设有业务部，还租有路透社、美联社、中期总部联合未来信息系统等报价系统。

云南省滨海期货经纪有限公司

【公司概况】 公司是经云南省人民政府批准、中国证监会审核、国家工商行政管理局登记注册的专业期货公司，现有职工100多人，公司是云南省证券监督管理办公室和云南省工商行政管理局培训经纪人的定点单位。公司下设9个职能部门、3个驻省外分支机构。公司注册资本3216万元人民币，公司董事长兼总经理：白旭东。

【业务范围】 公司只做代理不做自营，专营代理国内期货交易业务。代理品种有农副产品、能源化工、金属建材、国债等5大类。公司租用了路透社、中广卫两套信息咨询系统，配有先进的结算、信息处理和行情分析软件系统。

广州正达期货经纪有限公司

【公司概况】 公司是经中国证监会批准、国家工商行政管理局登记的专业期货公司，并由广州钧华经济发展有限公司和广州保税区正达国际投资发展公司共同投资创建，公司注册资本为1150万元人民币，公司实行专业管理、全电脑化运作，配置完善的路透报价系统及通讯服务。法人代表：董兆良。

【业务范围】 公司主营国内商品期货代理，兼营期货信息咨询服务、期货业务培训，并获部分商品交易所会员资格。

广州华业期货经纪有限公司

【公司概况】 公司是以中国石油天然气销售公司为主要股东的专业期货经纪公司，注册资金1000万元。公司设有1100平方米营业场地，安装独立的DDN节点柜(42对专线)，配备300部IDD电话。公司董事长：王亚杰。

【业务范围】 公司是上海金属交易所、上海粮油商品交易所、海南中商期货交易所的异地同步交易中心和上海商品交易所、深圳有色金属期货联合交易所等多家大型交易所的全权会员。主要开展铜、铝、铅、锌、镍、橡胶、咖啡、胶合板、绿豆、豆粕、籼米、大豆等类商品期货合约的代理业务；兼营期货信息咨询和培训业务。

上海良茂期货经纪有限公司

【公司概况】 公司成立于1993年6月，是经中国证监会批准，国家工商行政管理局注册的专业期货公司。公司拥有上海粮油商品交易所、上海商品交易所、北京商品交易所、海南中商期货交易所、郑州商品交易所、苏州商品交易所、天津商品交易所、广东联合交易所等的交易席位。公司总经理：张培源。

【业务范围】 公司主要开展期货经纪业务，提供开户、交易、清算、交割等服务，提供最新宏观经济信息、期市动态、综合评述等咨询，进行动态、静态等分析。

上海中金期货经纪有限公司

【公司概况】 公司是中国有色金属材料总公司属下的全资子公司，于1992年12月28日注册成立。公司下设交易业务部、财务结算部、信息拓展部、综合管理部、总经理办公室、苏州交易部、北京交易部、郑州交易部等8个部，公司注册资本2000万元人民币，公司法定代表人：李智诚。

【业务范围】公司主要管理经营中国有色金属材料总公司及中金期货公司自身在全国各大期货交易所的业务，拥有包括金属、粮油、建材、国债等多种商品的10多个交易席位，公司以上海金属交易所的铜、铝业务为主，其他交易所品种为辅，交易额1993年367亿元，1994年900亿元。

上海恒银期货经纪有限公司

【公司概况】 公司是经中国证监会批准，国家工商行政管理局注册登记的专业期货经纪公司。公司是上海、海南、郑州等各大期货交易所的会员。

【业务范围】 公司主要从事国内各类商品期货代理，国际国内期货咨询。公司拥有近1000平方米的交易场所，拥有先进的卫星通讯信息系统，配有各交易品种行情资料动态和静态分析系统。公司对市场严格管理，有效控制。

山东泉鑫期货经纪有限公司

【公司概况】 公司是经中国证监会批准、国家工商局注册的专业期货经纪公司，是由山东济南期货交易所改建而成。注册资金为1020万元。

【业务范围】 公司主要开展国内商品期货代理、期货咨询、人员培训等。公司与海南中商期货交易所合办中商专场，内设64个交易终端，进行异地同步交易；为代理客户在国内14家试点交易所开展代理业务。公司提供交易、交割、结算、信息咨询等全方位服务，公司设备先进，交易终端全部采用COM-

PAQ486 微机，主机采用美国 HPG50、G30 专用服务器，另备有 30(KVA)UPS 不间断电源保证交易正常进行，使用 64K X.25 作为备份。期货代理部采用路透、世华、建功等分析系统。

苏州中辰期货经纪有限公司

【公司概况】 公司成立于 1993 年 4 月，系国内较早设立的大型全民所有制专业公司，公司注册资本 1000 万元。公司拥有苏州商品、北京商品、上海金属、上海粮油、郑州商品、天津联合、沈阳商品、海南中商等主要交易所席位。

【业务范围】 公司主要代理客户在各交易所的交易、结算、实物交割等业务，提供有关商品、金融市场行情信息以及分析报告，提供帐户资金管理服务。公司专营代理，1995 年成交总额 420 亿元。另外开通了苏州商品、北京商品、上海粮油、海南中商等交易所的远程交易系统。

汕头亿峰期货经纪有限公司

【公司概况】 汕头亿峰期货经纪有限公司于 1994 年 9 月经中国证监会审批、国家工商总局重新注册登记，获国内期货经纪业务代理资格。公司隶属于汕头经济特区管委会，为独立的企业法人，自主经营，独立核算、自负盈亏。注册资本 2328 万元，公司董事长：李智。

【业务范围】 亿峰期货公司拥有国内多家交易所席位，能在上海商品交易所、上海金属交易所、上海粮油交易所、上海证券交易所、海南中商期货交易所、北京商品交易所、广东联合期货交易所、深圳金属交易所、天津联合交易所、沈阳商品交易所等交易所直接进行交易。开展建筑材料、化工原料、棉纱、粮油食品、金属等商品的经营，同时亦可代理交易国内其它交易所的品种。公司拥有独特的风险管理系统和讯息传递方法，使开户、下单、结算、财务管理及信息处理规范化、自动化。

云南商交期货经纪有限公司

【公司概况】 公司是经中国证监会批准成立的专业期货经纪公司，由原云南商品交易所发起组建。公司开通了美联社、中期未来等多家通讯信息系统和海南中商等交易所的异地下单双向卫星系统。公司内设交易部、财务结算部、信息技术部、办公室等机构。公司董事长、法定代表人：余雄。

【业务范围】 公司开展国内期货经纪业务，期货投资、信息咨询服务业务，期货从业人员培训业务。

云南恒丰期货经纪有限公司

【公司概况】 公司是经中国证监会核准，并在国家工商行政管理局注册登记的专业期货经纪公司，成立于 1993 年 10 月。公司下设交易部、结算部、市场开发部、信息技术部、财务部和办公室等机构。公司注册资本 2000 万元人民币。公司总经理：俞明。

【业务范围】 公司是北京商品交易所、上海商品交易所、郑州商品交易所、海南中商期货交易所的全权会员，直接代理客户入场交易。公司在北京、上海、郑州、海南、西安、云南省的楚雄、玉溪等地成立了代理机构。公司还进行专业人员培训、普及期货知识。

海南海证期货经纪有限公司

【公司概况】 公司是经中国证监会批准，在国家工商行政管理局注册登记的专业期货公司，由海南省证券公司等金融机构创办。公司拥有营业面积 500 多平方米，电脑终端 50 多台。公司法人代表：汪学习。

【业务范围】 公司获得海南中商期货交易所、北京商品交易所、上海证交所、苏州商品交易所、郑州商品交易所等交易所的全权会员席位、可代理的品种主要有橡胶、咖啡、绿豆、胶合板、籼米等，提供交易信息咨询和行情分析服务。公司拥有世华国际金融信息公司、新华社两套期货即时行情接收系统，配有新华威自动交易柜台系统及自助终端。

海南浩洋期货经纪有限公司

【公司概况】 公司是经中国证监会批准、在国家工商行政管理局登记注册的专业期货公司。公司在国内主要期货交易所如海南中商期货交易所、郑州商品交易所、苏州商品交易所拥有席位。

【业务范围】 公司主要业务为代理国内期货交易，只做专营，不做自营。公司拥有建功、世华金融家、乾隆等信息系统，并提供期货交易、培训、咨询等服务。公司的投资咨询顾问是海南证大资产管理公司。

青岛金友期货经纪有限责任公司

【公司概况】 公司是经中国证监会批准、国家工商行政管理局注册成立的股份制企业，由青岛市金属材料总公司、青岛崂山金属材料总公司和青岛高科技工业园物资实业总公司等企业共同组建。公司内设机构有业务部、资讯部、财务部、综合部等。公司董事长：刘文川，总经理：周兰章。

【业务范围】 公司专营代理国内商品期货业务，代理国内各期货交易所的期货交易，提供交易、交割、结算、咨询、信息、培训等服务。公司采用了实时行情报价系统和先进的信息接收处理系统，拥有各种盘中、盘后技术分析软件和财务软件。

深圳实达期货经纪有限公司

【公司概况】 公司是经国家工商行政管理局注册登记，并取得中国证监会颁发的期货经营许可证，成立于 1993 年初。公司是中国有色金属工业供销运输总公司在深圳设立的全资专业期货公司。

【业务范围】 公司除代理有色金属工业系统内各企业期货保值业务外，并为各类企业提供期货代理、信息咨询、人员培训等服务，在全国各主要期货交易所拥有席位，代理的主要品种有有色金属、胶合板、绿豆、籼米、天然橡胶、棕榈油等。公司安装有各交易所的行情终端、路透社、美联社、新华社等信息终端。

秦皇岛恒银期货经纪有限公司

【公司概况】 公司是以秦皇岛煤炭交易市场期货业务为基础

的经秦皇岛市机电设备总公司参股后组成的，并经中国证监会和国家工商行政管理局核准登记注册，于1995年9月成立。

【业务范围】 公司专营代理业务，主营国内各主要商品交易所的商品期货代理业务，兼营有关的信息服务、咨询服务、人员培训等。代理交易品种有金属、农副产品。公司与国内商品交易所进行计算机联网，实现了信息同步传递。

广西玉林金玉期货经纪有限公司

【公司概况】 公司是经中国证监会审核、国家工商行政管理局登记注册的专营期货公司，由玉林地区物资(集团)股份有限公司和玉林地区金属材料总公司出资组建。公司注册资本1000万元人民币，公司董事长：江福秀，总经理：罗利波。

【业务范围】 公司的业务包括：代理客户在国内期货交易所的交易，提供开户、入市、交易、结算、交割、信息、咨询、培训等全方位服务。公司拥有北京商品交易所、郑州商品交易所、大连商品交易所、深圳有色金属交易所、海南中商期货交易所、重庆商品交易所、广东联合期货交易所等交易所的全权会员资格。

河南中期期货经纪有限公司

【公司概况】 公司是经中国证券监督管理委员会批准，在国家工商行政管理局登记注册的具有独立法人资格的专业期货经纪公司。公司下设交易部、远程交易中心、信息部、结算部、企管部、集团客户部、财务部、综合部等。公司总经理：师秋明。

【业务范围】 公司坚持专营代理，不做自营的原则。公司是郑州商品交易所、海南中商期货交易所、大连商品交易所、广东联合期货交易所、苏州商品交易所的会员，拥有郑州商品交易所4个会员席位和建材厅6个席位。主要代理的品种有绿豆、大豆、玉米、红小豆、籼米、豆粕、咖啡、天然橡胶、铜、铝等。

上海海洋期货经纪有限公司

【公司概况】 公司是由中国海洋石油服务总公司与河北省晋州海洋实业总公司共同投资组建，于1995年7月10日经国家工商局登记注册。公司实行董事长领导下的总经理负责制，公司设有交易部、结算部、财务部、信息开发部、总经理办公室、泉州营业部等。公司注册资本1000万元人民币，公司董事长：邹孚庭，总经理：庄大川。

【业务范围】 公司主要开展国内商品期货代理、期货咨询、培训等。公司是上海商品、上海粮油、苏州商品、海南中商等交易所会员单位。公司装备了先进的通讯设备，同步反映国内交易所最新价格信息和国内外财经信息，拥有多种数据分析系统。

上海黄海期货经纪有限公司

【公司概况】 公司是于1994年11月24日获得中国证监会颁发的《期货业务许可证》。公司隶属于上海市劳教局，实行董事会领导下的总经理负责制，下设交易管理部、工程部、结算部、财务部、开发管理部和综合部以及浙江嘉兴营业部和北京营业部等。公司注册资本2180万元人民币，公司总经理：宋苏成。

【业务范围】 公司主要开展国内商品期货的代理等，是上海粮油、上海商品、上海金属、北京商品、苏州商品、广东联合期货、海南中商、天津联合等交易所的全权会员。公司通过卫星及电话线路传输国内交易所的即时行情，并配有世华、建功、智富等即时与盘后行情分析系统。

浙江远通期货经纪有限公司

【公司概况】 公司是经中国证监会核发期货经纪业务许可证、在国家工商局登记注册的专业期货公司，由中国农村发展信托投资公司浙江办事处、浙江省物资产业(集团)总公司、浙江工商事务中心、浙江省协作房地产公司组建，于1993年4月成立。公司下设交易部、结算部、市场研发部、信息部、工程技术部、计划财务部和综合管理部等。公司注册资本1000万元人民币，总经理：王建和。

【业务范围】 公司主要业务包括按受客户的委托，代理客户进行期货买卖和实物交割，提供商品期货投资市场行情分析和信息咨询、培训服务。公司是国内全部15家试点交易所的会员单位，公司只做代理不做自营。

浙江金马期货经纪有限公司

【公司概况】 公司是浙江金马集团投资组建的，于1993年10月成立。公司下设交易部、财务部、综合管理部、信息工程部，同时在萧山、绍兴、金华设有营业部。公司注册资本3000万元人民币，董事长：谭永兴，总经理：陈声。

【业务范围】 公司主要专营国内商品期货的代理，提供培训、咨询等服务。公司开通了郑州商品交易所、北京商品交易所、上海粮油商品交易所异地同步交易系统，并安装有9套美联社、路透社和中国广播卫星公司的即时行情系统，5套建功分析和8套成交回报反馈系统。1995年公司成交额1520亿元。

广东粤海期货经纪有限公司

【公司概况】 广东粤海期货经纪有限公司是于1996年1月经中国证监会批准在国家工商行政管理局登记注册的专业性期货经纪公司，由粤海集团内部合资组建，注册资金1000万元人民币，公司董事长：邓北生。

【业务范围】 公司主要代理客户从事国内商品期货合约的交易，并提供市场分析、咨询、培训等服务，公司是上海金属交易所、深圳有色金属联合交易所、海南中商期货交易所、广东联合交易所会员单位。

远东期货经纪有限公司

【公司概况】 公司是1993年4月在海南经济特区注册成立，原名为海南远东期货经纪有限公司，1994年9月经国家工商局和中国证监会批准，改为现名并迁上海浦东新区注册。公司实行股东会领导下的法人治理结构体制。公司董事长：刘振元，总裁：赵艾。

【业务范围】公司主要业务为代理期货买卖交易、商品实物交割和资金帐户管理，为各类投资者提供期货交易信息、咨询、培训等服务。公司并在北京市、海口市分设2个营业部，在郑州设立1个代表处。

济南华易期货经纪有限公司

【公司概况】 公司是经中国证监会批准，国家工商行政管理局登记注册的专业期货公司，成立于1993年3月，下设有业务部、交易部、结算部、市场分析部、财务部、客户服务部、公关部、人事部等，拥有从业人员70余人。公司注册资本1000万元人民币，公司总经理：胡泽辉

【业务范围】 公司主营国内商品期货代理，兼营期货咨询、期货业务培训。代理的品种有国债、各类金属、农产品、建材、能源、化工等期货、现货交易。公司制定了完整的保证金管理、风险控制、交割业务等管理制度，并培训客户1万人次。公司拥有经营面积800平方米和先进的技术设备和分析系统。

青岛市双飞龙期货经纪有限公司

【公司概况】 公司于1992年在青岛市工商行政管理局注册，于1993年4月18日正式营业。公司下设业务部、市场开发部、资讯技术部、顾问部、总经理办公室、财务部、结算部、异地出市代表处，并在北京设立了分支机构。公司注册资本1068万元。

【业务范围】公司主要开展国内商品期货代理业务，可代理北京商品交易所、郑州商品交易所、上海商品交易所、上海金属交易所、广东联合交易所、苏州商品交易所、大连商品交易所和海南中商期货交易所的期货交易。公司配备有建功期货行情即时报价网络系统、中国广播卫星公司的备用报价系统。

重庆星河期货经纪有限公司

【公司概况】 重庆星河期货经纪股份有限公司，经国家工商局核准登记注册并取得正式营业执照，以及中国证监会颁发的《期货经营业务许可证》，公司于1993年12月开始营运。公司营业面积800余平方米，108台电脑终端，30部国内直拨电话，交易环境舒适。公司总经理：张力。

【业务范围】 公司从事国内期货代理业务。目前公司主要从事北京商品交易所、郑州商品交易所、海南中商期货交易所、上海商品交易所、苏州商品交易所、上海金属交易所、重庆商品交易所等国内交易所的商品期货代理业务。公司采用世华金融家系统与国际国内各交易所24小时卫星联网，可向客户提供金融、期货、商品价格信息及财经新闻。公司下单跑道通畅，成交、回报快捷。

江西瑞奇期货经纪有限公司

【公司概况】 公司是经中国证监会批准在国家工商行政管理局重新注册登记，于1993年4月成立，由江西省新余钢铁有限责任公司、江西省铜业公司、江西省国际信托投资公司等8家单位投资组成。公司下设交易部、财务结算部、市场开发部、总裁办公室，下属工贸公司、及3个营业部、3个代表处。公司注册资本3150万元人民币，公司总经理：李汉国。

【业务范围】 公司专营代理客户在国内期货交易所交易，并提供结算、交割、咨询、信息、培训等服务。公司是国内12家期货交易所的会员，是全国期货联席会议的执行主席单位。公司拥有2000平方米的交易大厅，装备了英国路透社、中国广播卫星网、钱龙和国家信息中心SIC等卫星报价系统及建功技术分析系统。

期货经营机构名录

广东省广信期货经纪有限公司
广州中期期货经纪有限公司
上海恒银期货经纪有限公司
上海市中金期货经纪有限公司
南海市海通期货经纪有限公司
海南农垦金环物资实业总公司期货部
上海良茂期货经纪有限公司
天津金谷期货经纪有限公司
济南华易期货经纪有限公司
上海良华期货经纪有限责任公司
湛江市湛财期货经纪有限公司
中国国际期货经纪有限公司
佛山保利期货经纪有限公司
四川和正期货经纪有限公司
重庆星河期货经纪有限公司
上海新宇期货经纪有限公司
汕头南方期货经纪有限公司
中国华通物产集团公司上海期货业务部
云南省滨海期货经纪有限公司
苏州中辰期货经纪有限公司
海南海证期货经纪有限公司
远东期货经纪有限公司
广东省广发期货清算公司
广东粤海期货经纪有限公司
云南商交期货经纪有限公司
汕头亿峰期货经纪有限公司
青岛金友期货经纪有限责任公司
青岛市双飞龙期货经纪有限公司
中包期货经纪有限公司
成都南洋期货经纪有限公司
山东鲁银期货经纪有限公司
江西瑞奇期货经纪有限公司
上海百事顺期货经纪有限公司
海南中亚期货经纪有限公司
深圳海达期货经纪有限公司
深圳实达期货经纪有限公司

股份有限公司

連續 7 年居山東省同行業第一。1990 年在國家統計司評出的 26 家商業經濟效益最佳零售企業中,國貨公司榮登榜首,其中資金周轉、費用水平、人均創利税三項主要經濟指標位居第一位。1994 年—1995 年銷售總額、實現利税、實現利潤、累計人均實現利税等主要經濟指標均位居山東省同行業先進行列。1989 年,在全國百貨零售企業中第一批晉升爲國家二級企業,是山東省百貨零售企業唯一的國家二級企業。

公司在注重經濟效益的同時,更注重社會效益。984 年以來,先后獲得全國城市文明經營示範單位、全國執行物價計量政策法規優秀單位、全國商業先進單位、全國保護消費者杯、全國實施法定計量單位先進集體、全國内貿系統打假先進單位、中國名店、全國商業信譽企業等國家、省、市級各種榮譽稱號 140 余項。

公司 1996 年將以青島國貨股票成功發行上市爲契機,加快連鎖經營的步伐,組建專營公司,開辦生產加工廠,逐步建立全國性的“國貨”連鎖集團。

全國人大副委員長、全國婦聯主席陳慕華與公司董事長姜玉玲總經理親切交談

公司金銀首飾營業處

公司開發區商厦開業盛况

公司飲品營業處

地址:山東省青島市中山路 149 號
電話:(0532)2824012
傳真:(0532)2826558
郵編:266001　電挂:9874
聯系人:王瑞華　電話:(0532)2812456

天津渤海化工(集

天津渤海化工(集團)股份有限公司成立于1993年6月8日,是由國有獨資企業—天津渤海化工集團公司控股的中外合資股份有限公司,是我國規模最大的海洋化工企業之一。公司所屬全資企業有天津碱廠、天津化工廠、天津大沽化工廠及集團財務公司和供銷公司等五戶。生產基地位于天津市濱海新區,毗鄰天津渤海化工集團緊密層企業長蘆塘沽鹽場、漢沽鹽場、附近有渤海油田和大港油田、緊臨天津經濟技術開發區、天津港和保税區;境內有京山、京滬、京薊和京九鐵路貫穿,具有豐富的原料資源和便利的交通運輸等條件。

公司擁有50余套大中型化工生產裝置,主要以鹽為原料,生產純碱、燒碱、聚氯乙烯樹脂、農藥、化肥及精細化學品等十多種化工產品,是我國純碱、燒碱和聚氯乙烯樹脂的主要生產基地之一。截止1995年末,公司股份總計為133000萬股,其中國有法人股83902萬股,企

團)股份有限公司

法人代表:戴成文
地址:天津市和平區赤峰道 63 號
電話:(022)7129451　7115354
傳真:7129309　郵編:300041

業法人股 3848.5 萬股,境外上市的外資股(H 股)34000 萬股,境內上市的人民幣普通股(A 股)6898 萬股,公司職工股 4351.5 萬股。

公司主營:純碱、燒碱等各類碱產品、無機鹽、無機酸和其他化工原料、有機化工原料、聚氯乙烯樹脂及其他合成材料、化學肥料、化學農藥及制劑、精制鹽、飼料添加劑和精細化工產品等綜合性化工產品的制造和銷售。兼營:金融、證券、房地產開發、化工建材、化工工程設計和建築、化工設備設計、制造、安裝、化工包裝制品制造、倉儲、運輸、起重、技術咨詢及轉讓、商業批發和零售、勞務及其他服務。

公司經營業績顯著,1995 年末,公司總資產 49.4 億元,淨資產 22.2 億元。主營業務收入為 30.1 億元,利潤總額為 1.91 億元,稅后利潤 1.63 億元,每股淨資產 1.67 元,每股淨收益 0.123 元。

張家界　中國山水旅游第一股

張家界旅游開發股份有限公司

在中國的第一個國家森林公園

在中國首批被聯合國列入“世界遺產名錄”的自然景區

中共中央總書記、國家主席江澤民在張家界國家森林公園黃獅寨與游人同樂

地址：湖南省張家界市南莊坪1號花園
電話：(0744)8224448　(0731)4311258－7402
傳真：(0744)8229280
郵編：427000

山東勝利股份有限公司

董事長兼總經理：徐建國

山東省領導、深交所及公司領導在股票上市儀式上祝賀上市成功

山東勝利股份有限公司是經山東省體改委批準，由國家大型一類企業山東省勝利集團公司獨家發起，于1994年5月11日在省工商局注册的股份制企業，經中國證監會批準，于1996年6月19日向社會公開發行股票，7月3日開始在深圳證券交易所挂牌上市。本次股票發行后，公司股本總額爲6050萬股。

公司規範設置股東大會、董事會和監事會，實行董事會領導下的總經理負責制。公司總部設8部1室，下屬5個分公司、2個全資子公司、5個控股公司和1個參股公司。現有員工218人，其中博士1人、碩士8人、大學本科108人、專科61人，平均年齡27.6歲。

公司堅持"立足山東，面向全國，跨國經營"的方針，充分利用政府賦予的進出口經營權和石油成品油經營權，依托勝利等渤海灣幾大油田，以塑膠工業爲主導，內外貿相結合，不斷開拓經營領域，取得了顯著的經營業績。截止1996年6月底，公司總資産達到2.6億元，淨資産1.41億元。1995年公司主營業務收入2.68億元，淨利潤1598萬元；1996年1－6月主營業務收入已達2.07億元，淨利潤1500.5萬元。公司被評爲"山東省工交財貿系統百家利潤大户企業"。1994、1995年連續兩年被工商銀行濟南市分行評估確認爲AAA級信用企業。

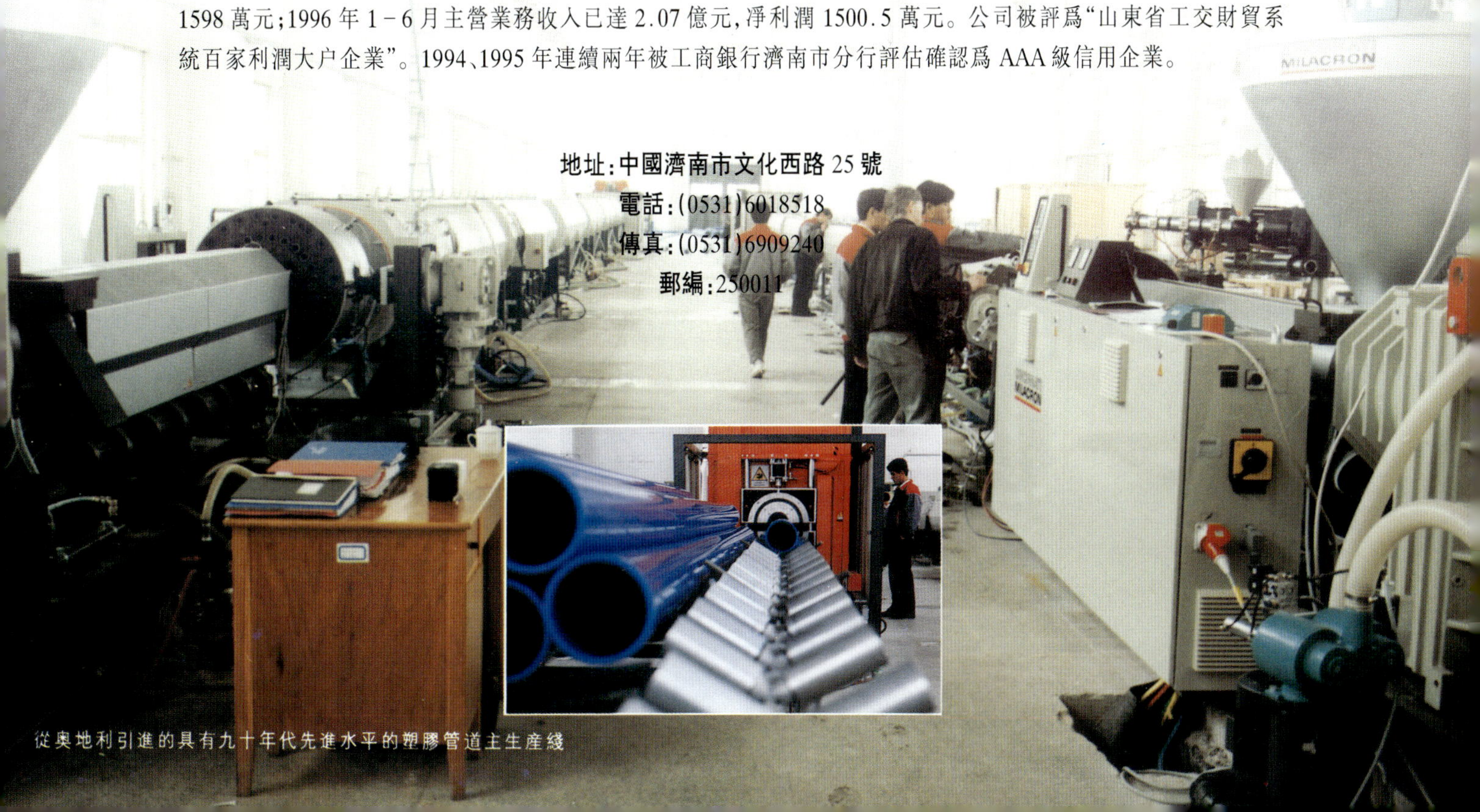

地址：中國濟南市文化西路25號
電話：(0531)6018518
傳真：(0531)6909240
郵編：250011

從奥地利引進的具有九十年代先進水平的塑膠管道主生産綫

公司辦公大樓

北京燕化高新技術股份有限公司

地址:北京燕化職工文化活動中心東側
郵編:102500
電話:69347435
傳真:69345895

總經理:茹玉哲

北京燕化高新技術股份有限公司成立于1993年,是從事高科技產品研制、開發、生產和銷售的企業,主要經營範圍包括石油化工催化劑、精細化工產品、石油及石油化工產品。公司所屬催化劑廠是國家計委指定的聚烯烴高效催化劑工業生產基地;精細化工廠是國內唯一利用重油深加工生產溶劑油、燃料油和乙烯焦油、炭黑料等產品的企業。

公司自成立以來,充分發揮股份制企業的優勢,建立了規範的法人治理結構和財務核算體系,公司將以燕化爲依托,以市場爲導向,以質量求生存,以技術求發展,以提高員工素質爲根本,努力把公司建成科技型、實業型、高效益、規範化的上市公司。

公司廠區

珠海華電股份有限公司

珠海華電前山柴油機發電廠
首開地方集資辦電之先河

珠海華電股份有限公司經是珠海市和廣東省政府批準，于 1993 年 1 月由全民所有制企業改組創立的股份有限公司。經國家和廣東省有關部門批準，公司公衆股于 1993 年 10 月在深圳認購發行，于 1994 年 1 月 3 日在深圳證券交易所挂牌上市，股票簡稱“粤華電”。目前，珠海華電股份有限公司屬下電廠總裝機容量爲 17.725 萬千瓦，占全市自有發電能力的 53.74%。

公司經營宗旨：堅持電業爲主，規範經營、綜合發展；推進集約化、多元化、集團化、國際化；創造良好的經濟效益和社會效益；維護公司和股東的合法權益；充分發揮公司員工聰明才智并不斷提高其物質和文化生活水平。

公司首屆董事會確定了公司的經營目標、經營方針、遠景規劃

在致力電力建設和生產的同時，公司不斷拓展經營領域，先后組建了船務、印刷、建材、房産、證券投資、境外進出口業務代理等多家實體。多元化經營提高了企業的經濟效益，減少了經營風險。

公司内部設立董事會秘書處、董事長辦公室、投資發展委員會、行政辦公室、人事部、財務部、發電部、房産部、發展部等管理機構，進行高效、科學的管理運作。未來，珠海華電將繼續以電力生産爲龍頭，高效率爲依托，帶動各業并駕齊驅，向着集約化、多元化、集團化、國際化全方位方向前進。

先進的計算機管理系統

地址：珠海九洲大道官村綜合大樓 3 樓
電話：(0756)3338838
傳真：(0756)3353529
郵編：519015

董事長:顧傳訓
總經理:湯期慶

長江經濟聯合發展

位于上海的長發集團公司的長發大厦

董事長:顧傳訓

總經理:湯期慶

長江經濟聯合發展(集團)股份有限公司由長江上、中、下游4個中心城市上海、南京、武漢、重慶市政府以及交通銀行共同發起,并聯合其它沿江27個城市政府和386家企業,公開募集法人股6.5億元人民幣于1992年9月10日在南京創立,并于同年9月28日在上海浦東開業。長發集團公司實行董事會領導下的總經理員責制,董事長是法人代表。

長發集團公司的經營範圍是:商業、進出口貿易;房地產開發和經營;境內外投資,興辦設立各類科工貿經濟實體;交通運輸、倉儲業、旅游業、自然資源開發、信息、廣告、咨詢業等。由國家經濟貿易委員會和國家經濟體制改革委員會正式批準的長發集團公司成立以來,已控股投資組建了南京、武漢、重慶3個區域公司和15個其它各類子公司;加上3個區域公司投資組建各類二級子公司,目前,長發集團已擁有核心企業1個,緊密層企業11個和半緊密層企業34個,松散層關聯企業12個。隨着各類公司的相繼成立,取得了良好的經濟效益。截至1994年底,長發集團資產總值達23億元人民幣,其中:長發集團公司資產總值達9.59億元人民幣,實現利潤累計2.24億元人民幣。目前長發集團公司的主要業務包括三個部分:(1)商貿業務方面:集團公司已獲得了對外貿易經濟合作部批準的進出口經營權,經營上海、江蘇、浙江、安徽、湖北、四川等跨省市進出口業務,并承辦中外合資經營、合作生產業務和開展“三來一補”業務。(2)房地產業務方面:截止1995年底,集團公司已開工(含聯建)的房產項目總建築面積達16萬平方米。先后在浦東共建東方大厦和浦東康橋工業標準廠房;建造總建築面積3.4萬平方米、28層高的上海長發大厦。(3)工業實業投資方面:目前,集團公司已在崇明投資合建了融繅、織、染及服裝加工為一體的上海長發江海絲綢公司等。同時,區域公司還在南京建立了長發茶飲品公司,已批量生產罐裝長發唐人茶;在重慶共同投資生產800MHZ移動電話等項目。

(集團)股份有限公司

地址:上海市零陵路 348 號
電話:64176065

長發集團南京公司

長江經濟聯合發展(集團)股份有限公司南京公司是由交通銀行南京分行、南京、合肥、南昌、鎮江、蕪湖、九江市人民政府共同發起組建,吸收南京經濟區域沿江城市參加,以公有制爲主體的股份制公司,具有獨立的法人資格。公司是經南京市人民政府批準成立的局級單位,實行董事會領導下的總經理負責制。在南京高新技術産業開發區注册登記,注册資本金爲 1 億元人民幣。

長發集團南京公司的經營範圍和業務是:房地産開發經營業務;進出口貿易業務;境内外投資業務,興辦各類工、貿、技經濟實體,組建各類合資企業;商業、物資、倉儲、運輸、旅游和資源開發業務;國内外經濟、科技信息咨詢業務。長發集團南京公司開業三年來,資産規模已達 4.86 億元,累計實現利潤 4458 萬元,連續三年被評爲“重合同,守信用”企業,獲得 AAA 級資信級位證書。

總經理:徐飆
地址:南京市太平南路 56 號
電話:(025)4515044
郵編:210002

位于南京的長發大厦

位于武漢的長發物業建築

長發集團武漢公司

長江經濟聯合發展(集團)股份有限公司武漢公司是經武漢市人民政府批準,由長發集團等 55 家法人單位投資共同組建的股份制企業。公司注册資本 1 億元人民幣,于 1992 年底開業。公司創業三年來,組建了 13 個經營實體,參與投資興辦了鋰錳二次電池、脱水蔬菜、輕型直升飛機等一批重點項目。公司三年累計實現利潤 7017.7 萬元,資産總額達 3.8 億元。1995 年,公司被評爲武漢市 30 家優秀企業之一,被評爲湖北省高新技術企業 20 强和 20 家最大的股份制企業之一。公司總經理夏康裕獲“卓越企業家”光榮稱號。

董事長:吴厚溥
總經理:夏康裕
地址:武漢市漢口天津路 1 號
傳真:(027)2822736
郵編:430010

長發集團重慶公司

長江經濟聯合發展(集團)股份有限公司重慶公司是由長發集團公司和長江上游沿岸地市政府及交通銀行重慶分行聯合發起,并聯合長江上游 30 多家大中型企業,公開募集法人股 1 億元人民幣,于 1992 年 11 月 18 日在重慶成立。公司成立以來,組建各類經濟實體 14 家,經營業務涉及國内外貿易、工業交通、金融和房地産開發等領域。截止 1995 年底,公司資産規模達到 3.2 億元,實現利潤累計達到 4400 萬元。

總經理:左俊杰
地址:重慶市渝中區學田灣正街 37 號 8 樓
電話:3873476　**傳真:**3853334
郵編:630015

重慶長發船務運輸

新疆宏源信托投

寬敞的營業大廳

新疆宏源信托投資股份有限公司前身是中國建設銀行新疆信托投資公司，于1988年3月成立。1993年在原公司基礎上實行股份制改組，設立新疆宏源信托投資股份有限公司。1994年2月2日，"新宏信"A股正式在深圳證券交易所挂牌上市，成為一家金融性上市公司。

公司以金融信托業為龍頭，以證券業、房地產業為重點，充分發揮公司金融企業、證券商和上市公司三位一體的自身優勢，以"誠信、開拓、團結、效益、奉獻"的宏源精神，薈萃精英、籌集資金、拓展業務，在社會公衆中樹立優良的企業形象。

地址：新疆烏魯木齊市文藝路2號宏源大廈8樓
電話：(0991)2301870
郵編：830002

資股份有限公司

公司辦公大樓外景

中國國際海運集裝箱(集團)股份有限公司
CHINA INTERNATIONAL MARINE CONTAINERS (GROUP) LTD

集團公司總經理:麥伯良

中集在美發行商業票據

中國國際海運集裝箱(集團)股份有限公司始建于 1980 年 1 月,爲中國最早的合資企業之一。經過十六年的艱苦創業和不斷發展,目前已成爲中國最大的集裝箱制造企業集團,1995 年産量達到 141230 標準箱,居世界第二位。近幾年來,公司在大力發展集裝箱生産的同時,不斷向其他領域拓展,開發機場地面設備及内燃發電機設備制造産業,參與房地産開發,開展與傳統産品相關的進出口貿易,初步形成一業爲主,多元發展的産業格局。

中集集團 1995 年實現銷售 23.57 億元,利潤總額 1.79 億元,公司總資産達 19.25 億元人民幣,淨資産 5.33 億元。公司名列 1994 年中國 500 家最大外商投資工業企業第 41 位,1994 年中國 500 家最大規模工業企業第 247 位,并被評爲 1994 年度全國十大高出口創匯企業及 1995 年度深圳證券交易所"十佳"上市公司。

特種箱産品—折叠箱

中集集裝箱産品

地址:深圳蛇口工業區金融中心 5 樓
電話:(0755)6691130 轉
傳真:(0755)6692707
電傳:420864 CIMC CN
郵編:518067 電挂:1594

公司辦公樓－深房廣場

深圳經濟特區
房地產(集團)股份有限公司

公司黨委書記、董事長:鄧惠強

公司黨委副書記、總經理:梁偉國

地址:深圳市人民南路房地產大廈五、六、七樓

電話:2239255(12綫)總機轉各部門

傳真:2239200　電挂:2075

深圳經濟特區房地產(集團)股份有限公司(深房集團)成立于1980年1月8日,1992年7月開始進行股份制改組,1993年7月,經深圳市政府批準為股份有限公司。深房集團總股本101166萬股,A、B股分別于1993年9月15日、1994年1月10日在深圳證券交易所挂牌交易,1994年8月31日,集團一級有保薦ADR在紐約櫃臺市場挂牌交易。

深房集團為深圳最大型地產發展商之一,并于1985年開始在海外投資,于1990年初開始着手進行基建發展項目,主要為能源及交通。十六年來,深房集團已累計完成投資30多億元,建成高層樓宇50多棟,低層住宅500多棟,花園別墅400多座,現代化候機樓一座,竣工面積200多萬平方米。集團在深圳擁有約60萬平方米以上的物業權益。在珠江三角洲、北京、上海、武漢、沈陽、西安、哈爾濱亦擁有持作投資之物業,樓面面積約140萬平方米。

多年來,深房集團不斷開拓創新,以敢為天下先的精神,在國內首創土地的有償使用,率先按國際慣例推行建設工程設計及施工公開招標,率先推行商品樓宇銷售銀行抵押按揭貸款,率先采取多種方式引進外資開發房地產。至今,深房集團已發展成為以房地產開發為基礎,以投資交通、能源為重點,集商貿、酒店飲食、建材工業等為一體的、擁有近百家直屬及聯營公司的企業集團。

在1995年"全國國營企業五百強"評比中,名列第108名,為廣東第7,深圳第1,在"中國上市公司綜合實力百強企業"評比中,名列第8。

公司在深圳羅湖商業中心區興建并管理的高層樓宇

山東淄博天佳企業集團股

董事長、總經理：張錫友

天佳集團公司占地面積 64 萬平方米，建築面積 19 萬平方米，總資產 1.84 億元，下屬 30 多個工商企業（包括中外合資淄博萬達建陶有限公司、淄博第二水泥廠、淄博魯中建材總廠、中外合資淄博萬通建陶有限公司、淄博興華鐵廠等），是一個集建陶、建材、鋼鐵、機械制造、汽車修理、商貿服務為一體的綜合性省級企業集團。

1993 年 4－5 月，天佳集團公司轉換機制，完成了從集體承包責任制到股份制的進程，以全部資產并經募股于 6 月 18 日成立了股份公司，把生產、經營納入了現代企業管理發展的軌道，實現了歷史性的轉變，迎來了經濟高速發展的時期。

天佳集團公司在不斷改革的探索中，加強和改進企業的集團管理，制定出一套符合企業實際的科學管理體制：以管理為中心，運行最良化的自我鞏固機制；以質量為中心，產品最好化的自我激勵機制；以效益為中心，利潤最大化的自我發展機制；以成本為中心，費用最小化的自我約束機制。通過以上機制，公司上下形成了一個嚴密、團結、向心的工作集體。天佳集團公司創立三年，累計投資億元，建成 5 個新項目和 5 個擴建項目，目前，天佳集團公司的內外牆釉面磚年產達到 600 萬平方米，425 號、525 號硅酸鹽水泥年產達到 20 萬噸，鐵錠年產達到 4 萬噸，多業并舉

集團公司總部

份有限公司

地址：山東淄博張元區南定鎮田家
電話：2980834　傳真：(0533)2980471
郵編：255064

集團公司所屬學校

勺格局提高了公司抵御市場風險的能力，公司效
益穩步提高，集團實力日益增強。1995年實現銷
售收入6.51億元、創利稅4000萬元，躋身全國建
材行業最大規模鄉鎮企業100家(列第20位)，全
國最高利稅總額鄉鎮企業1000家(列第250位)，
連續十年保持省級文明單位。天佳集團公司"萬
建"牌產品為國家A級產品、中華國產精品、中國
名牌、國際建陶標準一等品，產品出口沙特、俄羅
斯、韓國，年創匯達300萬美元，以名牌的產品創
出了名牌的效益。

"九五"期間，天佳集團公司計劃通過實施重
點科研項目，興建與擴建新項目，興辦合資企業，開拓業務領域，爭取1996年實現工農業社會總產值8億元，利稅6000萬元；力爭在"九五"末完成公司二次創業，即：工農業社會總產值達到20億元，創利稅1.5億元，創國家級企業集團及國家級文明單位。

公司董事長、總經理張錫友先生攜全體員工向全國的投資者致敬。

公司下屬企業

淄博唐山建工實業

公司董事長、總經理：王立國

公司承建的淄博郵政大樓

淄博唐山建工實業股份有限總公司(桓臺縣建築工程總公司唐山公司)是二級資質施工企業。下設四個建築公司、機械化施工公司、安裝公司、裝飾公司和工業公司。注冊資本1700萬元。現有職工4500名，其中工程技術人員362名，主要工種的高中級技工占80%。自1984年起與山東省建築科學院結成科研施工聯合體，具有地基施工、土建施工、機械化施工、工業設備安裝、高檔裝飾裝修系列化總包能力。

●**土建施工**：年竣工能力10萬平方米，能獨立承建30層以下、跨度40米以下的建築物及高度150米以下的構築物。

●**地基施工**：各類吊車配套、樁機設備齊全，土層分析，試樁測試手段完善，能獨立施工各類樁基工程及用振冲法、強夯法加固各類地基。

●**機械化施工**：配有日本進口25T汽車吊、挖掘機、國產15T、30T輪胎吊、履帶吊、推土機、裝載機、壓路機、泰拖拉翻頭車等近百臺

厦門機場發展股份有限公司

董事長兼總經理：王倜儻

厦門機場發展股份有限公司是全國第一家公開發行股票的航空企業，由厦門國際航空港集團獨家發起組建，主要經營候機樓設施的使用服務。公司總股本 10800 萬股，其中國有法人股 8100 萬股，向社會個人發售 2700 萬股(含職工股 270 萬股)，采用定價上網發行方式，每股發行價 8.8 元，按攤薄法預計今年每股税后利潤 0.55 元。厦門機場于 1983 年 10 月建成通航。1984 年至 1995 年，厦門機場飛機起降架次、旅客吞吐量和貨郵吞吐量每年分别以 34%、38%、49% 的速度增長。1995 年機場完成飛機起降 3.3 萬架次，旅客吞吐量 349 萬人次，貨郵吞吐量 7.7 萬噸，名列全國百家機場第六名。

1988 年 10 月，經國務院批準，厦門機場作爲民航體制改革試點下放給厦門市政府管理，實行企業化經營。機場堅持安全第一，不斷提高服務質量，在激烈的航空市場競争中取得了可喜的業績。厦門機場榮獲 1995 年度中國民航優質服務排行榜機場組第二名和最佳地面服務奬。新加坡、菲律賓、馬來西亞、香港、澳門等境外的航空公司已在厦門機場營運。境外年客運量僅次于北京、上海、廣州，連續七年居全國第四位。

厦門機場興建時按 1990 年旅客吞吐量 35 萬人次設計，實際當年已達 116 萬人次，現有的設施和規模已不能滿足厦門航空業的高速發展。厦門機場二期工程已于 1992 年 7 月動工，其中核心工程爲 3 號候機樓，總建築面積 12.7 萬平方米。招股募集的資金即全部用于這個在建工程建設。全部工程預計 1996 年底完成并投入使用，届時厦門機場可全天候起降任何大飛機，滿足年吞吐量 800 萬至 1000 萬人次的需求。

厦門機場

福建省中福實業股份有限公司

公司總經理：陳廣根

福建省中福實業股份有限公司系由福建省中福(集團)原下屬 8 個以承包工程及其關聯業務爲主的全資機構重組改制，于 1993 年 6 月經福建省體改委批準成立。公司現有員工 157 人，具有大專以上學歷 120 人，具有中高級職稱 81 人。屬下有全資子公司 11 家，合作合資企業 10 多家。

公司經營業務範圍：國內外工程承包、置業發展、物業管理與經營、工程建築設計、室内外裝璜裝修、實業投資、舉辦合資合作企業和與上述業務相關的設備材料的生產、銷售和進出口貿易，以及綜合技術服務、技術咨詢、工程咨詢等。

公司確定了以工程承包爲龍頭，以實業投資爲基礎，以置業發展爲支柱的經營發展戰略，近幾年來累計承擔國内外工程 25 項。其中承擔我國對外經濟援助項目和聯合國多邊合作項目 13 項，公司承建的南太平洋基里巴斯邦利克國際機場跑道加固和擴建工程贏得南太平洋地區國家對中國建設機場能力的信任。此外，公司承建的安提瓜克利克大橋被評爲質量優秀工程，并承擔了中美洲伯利兹大橋、莫桑比克索維斯特服裝廠、美國洛杉磯別墅住宅等項目工程設計、施工及技術服務。公司還承接了人民大會堂福建廳裝修工程、澳門高層建築承包建設、工程建築設計業務等。公司先后在福州、廈門、上海、蘇州、香港等地發展置業和參與舊城改造。目前，正進行的投資建設福州秀宅—峽南段高速公路及連接綫延伸段工程。

公司致力于全方位開拓，力爭成爲一個多元化、實業化、國際化的大型綜合性企業，實力規模進入全國同行業前列。

福泉高速公路秀宅—峽南段工程簽約儀式

基里巴斯邦利克國際機場跑道工程

公司總部外景

江蘇悦達股份有限公司

江蘇悦達股份有限公司創立于 1988 年 3 月 18 日，公司在現任董事長、總經理胡友林先生的帶領下，大膽改革、鋭意創新，努力開拓企業經營和管理的新路子，由七十年代的五人調煤小組、55 元自有資金發展成爲擁有下屬全資及控股的二級公司十余家，員工 3000 多人，淨資産 6 億多元，集能源開發、房地産經營、汽車、拖拉機制造、商貿、鐵路貨運于一體的綜合型股份制企業。其業務範圍已遍及國内及香港、臺灣、韓國、日本、印尼、中東、美國、加拿大、澳大利亞等國家和地區。

公司的經營範圍主要爲制造和銷售拖拉機、農機具、工程機械、輕型客車，鐵路貨運。銷售煤炭、焦炭、石油及制品。同時兼營電子元件、服裝、副食品及其它食品、針紡織品、皮革及制品、金屬材料、建築材料、化工原料、農副産品、電器機械及器材、房地産開發等。

公司始終恪守“科技是第一生産力”的準則，先后大批引進大中專畢業生，并與許多科研單位和大專院校保持密切的聯系，對員工逐步實施培訓計劃。目前，公司已擁有一支知識化、年輕化、專業化的干部和職工隊伍。

截止 1996 年 9 月，公司總股本爲 19924 萬股，其中國家股 4495.22 萬股，發起法人股 5477.71 萬股，募集法人股 143.78 萬股，社會公衆股 9807.28 萬股。1995 年公司主營業務收入 8.84 億元，淨利潤 5171 萬元，每股收益 0.42 元，每股淨資産 3.07 元。保持了良好的增長勢頭。公司願與海内外朋友攜手發展，共創前程。

公司下屬悦達汽車總廠生産的 YQ6370B 型車

地址：中國江蘇鹽城通榆中路 36 號

電話：(0515)8332667

傳真：(0515)8334601

電挂：0218　**郵編：**224002

湖南古漢集團

衡陽中藥實業股份有限公司

集團總裁兼公司董事長、總經理：申甲球

花園式廠區

衡陽中藥實業股份有限公司是湖南古漢集團的核心成員，其前身衡陽中藥廠創建于1956年。公司現有員工600余人，其中，各類專業技術人員200余人，擁有注冊資本7000萬元，其中經營性固定資產4600萬元，占地6萬多平方米。主要生產以中國中藥名牌產品“古漢養生精”為龍頭的八大劑型40多個品種的中成藥系列產品。公司1995年，實現產值11062萬元，銷售收入9385萬元，利稅3015萬元，利潤2008萬元，分別比1984年增長了71倍、56倍、188倍、956倍。并成就了“名牌產品、明星企業、名人企業家”三位一體的整體形象。

公司拳頭產品“古漢養生精”系千年古方與現代科技加地道中藥材相融合的高技術、高療效、優質量的治療兼保健型新藥，大量臨床推廣應用、并經中國中醫藥學會部分專家評審論證：古漢養生精對心肌損傷、心腦血管疾病、神經衰弱、失眠、健忘、癌細胞免疫等病症有顯著療效；對偏癱、抗衰老、抑制腫瘤細胞生長、男女性功能障礙、各種肝炎、脱發、斑禿、白發、慢性支氣管炎等數十種病症有治療、防患和保健功效。因其組方合理，質量可靠，療效確切曾先后榮獲全國中成藥“健康杯”金獎、“全國信得過藥品獎”、“中國名牌產品”、“醫生推薦用藥”等數十項殊榮，被譽為“中國仙藥”、“人民健康的福音”。

1990年以來，率先在全省同行業中晉升為國家二級企業，先后榮獲全國“五一”勞動獎狀、湖南省雙文明建設先進單位、中國公衆信譽良好企業、中國明星企業等榮譽稱號；1995年被中國證監會審核批準為上市公司；今年6月，以衡陽中藥實業股份有限公司為核心，以中國中藥名牌產品“古漢養生精”為龍頭的外向型“湖南古漢集團”正式投入運作。湖南古漢集團現有16家成員。

集團總裁兼公司董事長、總經理申甲球是第八屆全國人大代表、全國“五一”勞動獎章獲得者、全國勞動模範。其強烈的敬業精神、開拓進取意識和敢為天下先的氣魄和膽略得到了社會各界的廣泛好評和推崇，多次受到江澤民、李鵬、喬石、李瑞環、朱鎔基、胡錦濤等黨和國家領導人的親切接見。

地址：湖南省衡陽市羅金橋1號
電話：(0734)8411277　8411229
傳真：(0734)8411413　郵編：421003

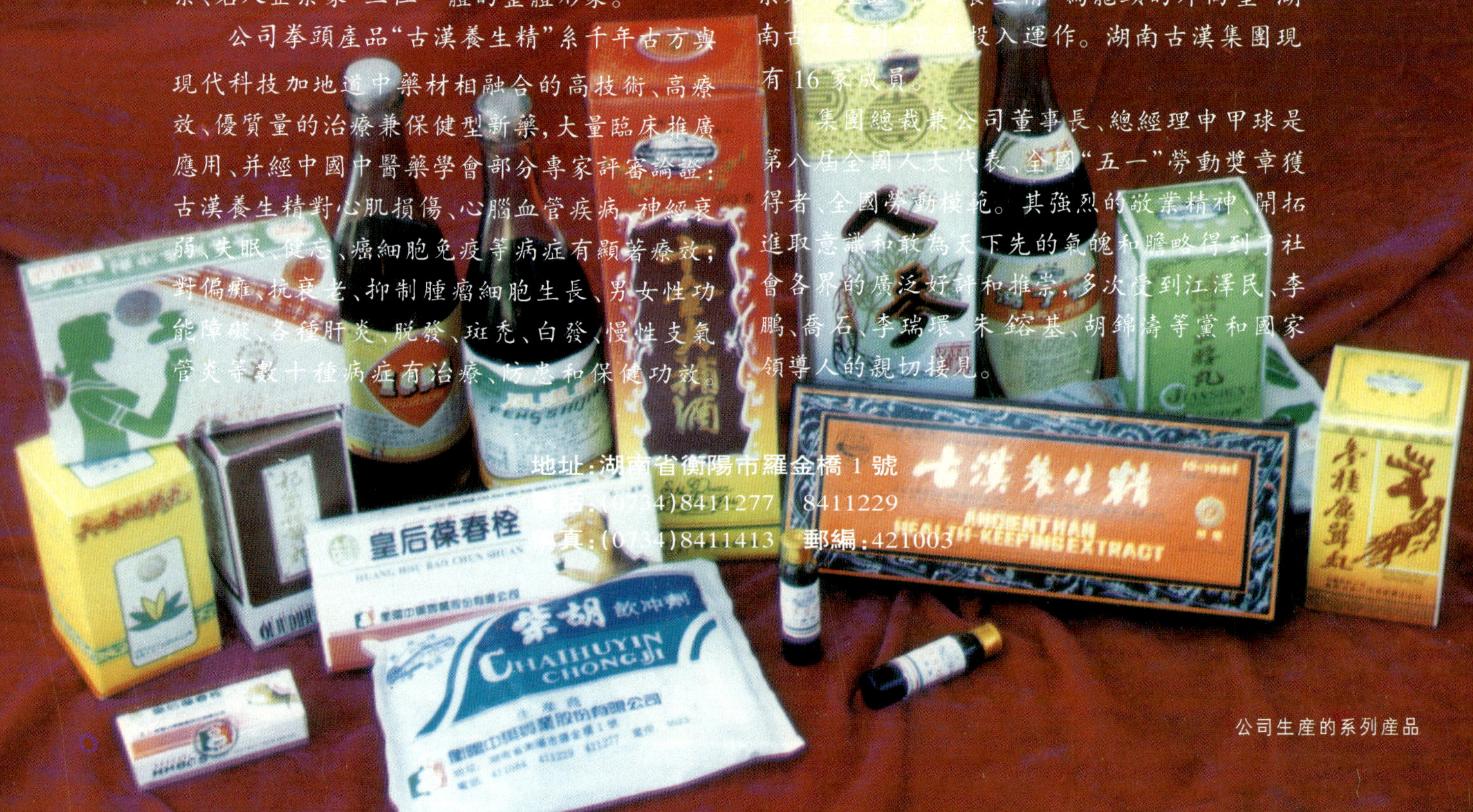

公司生產的系列產品

中山火炬高新技術實業股份有限公司

總經理:葛志斌

公司前身是 1989 年 10 月成立的中山高新技術產業開發總公司,主要經營業務包括爲 5.32 平方公里的中山火炬高技術產業開發區集中新建區提供廠房、土地及公共服務設施;興辦生產經營高新技術產品的“三資企業”和開展“三來一補”業務;爲開發區企業提供技術、咨詢、生活服務及有關綜合管理業務。

1992 年 12 月 30 日,經廣東省企業股份制試點聯審小組、廣東省體改委批準,原公司與中國建設銀行信托投資公司等 7 家法人單位聯合發起成立了中山火炬高新技術實業股份有限公司,注册資本 8300 萬元。1994 年 8 月 10 日,經中國證券監督管理委員會復審同意,公司于 1994 年 11 月向社會公衆發行人民幣普通股 2800 萬股,公司股本增至 11100 萬股。1995 年 4 月 29 日,經公司股東大會通過公司 1994 年利潤分配決議,對社會公衆股和内部職工股每 10 股送 6 股紅股,送股后公司股本增至 13827.72 萬股。1996 年 5 月 26 日,經公司第六次股東大會通過 1995 年股利分配方案,即每 10 股送紅股 5 股,送股后公司注册資金變更爲 20741.58 萬元。

公司是從事高新技術產品研制、開發、制造的綜合性企業,截至 1995 年底,公司已擁有全資、控股、參股企業 43 家,產品涉及新能源、電子信息、機電一體化、新材料、生物工程等產業,生產近 50 種各類高新技術產品和一般工業制品。目前,開發區内供電、供水、通訊、交通及貿易服務設施日臻完善。

負責信息披露人員:董事會秘書陳耀明

地址:廣東省中山市中山火炬高技術產業開發區

電話:5596818 **傳真:**(0760)5596877

郵編:528437

公司辦公大樓

海南華凱實業股份有限公司

公司董事長李海(左)與總經理黄貴恒在研究工作計劃

海南華凱實業股份有限公司是經海南省股份制試點領導小組批準,由深圳市建築材料工業集團公司、海南省農墾開發公司、交通銀行深圳分行共同發起,于1992年12月將原海口華凱實業開發公司改組而成的規範化股份制企業。公司股本總額爲1.92億股,其中法人股1.63億股。

由公司全資、控股的主要企業有:海口華凱物業旅業發展公司、海口凱麗賓館、海安金凱房地産開發公司、海南華凱貿易有限公司、海口華凱長深石場、海南華龍健身中心、海南美凱利衛浴工業發展有限公司、成都康樂旅游出租汽車公司、華凱長沙分公司、深圳龍崗華凱實業有限公司。近幾年,公司形成在房地産業、工業、貿易、物業、賓館、旅游業等領域多元化經營的格局。1993年2月23日,"華凱法人股"繼珠海恒通、廣西玉柴、成都蜀都之后第四家在全國證券交易自動報價系統(STAQ系統)上市,開創了海南企業法人股公開上市的先河。1994年,公司被海南省建設廳評定爲"海南省房地産開發30强企業"。目前,華凱公司在新的經營班子帶領下又步入了第二個創業時期,在成都開發礦産、森林資源,在長沙、深圳、湛江等地搞綜合小區開發等新的企業發展藍圖已初步形成。

董事長:李海,總經理:黄貴恒　　**電話:**(0898)6229752　6212880－2308

地址:海南省海口市濱海大道23號華凱大廈三樓　　**傳真:**(0898)6229755

海國投工業開發股份有限公司

公司領導實地考察投資項目

總經理:許峰

海國投工業開發股份有限公司總股本爲17746萬股,總資産78556萬元,主要股東是海國投集團有限公司、交通銀行海南省分行、農業銀行海南省信托投資公司。公司自92年底創立以來以工業和工業區開發爲主,兼營旅游、貿易、證券、房地産等業務,連年盈利;1992年至1994年分别實現税后利潤2153萬元、10497萬元和4576元,1996年獲政府頒發的先進納税單位證書,取得了較好的經營業績。

公司目前擁有全資附屬企業(公司)3家,關聯企業(公司)9家。全資附屬企業中海南南豐彩印制品有限公司擁有全省最先進的印刷設備;海南港澳國際旅游有限公司在1993年進入全國旅行社70强行列。在控股、參股企業(公司)中,有在深圳上市的海南港澳實業股份有限公司;有海南省重點項目簾子布生産廠一金輪實業股份有限公司。

總經理:許峰　　**電話:**8669630　**傳真:**8650453

地址:海口市港澳工業開發區海國投大廈　　**郵編:**570314

第四编

中国批发市场

168/170

长春汽车批发市场
南方(长沙)建材中心批发市场
成都农产品中心批发市场
中国酒城批发市场
西南建材中心批发市场
华中粮食中心批发市场
武汉金属材料中心批发市场
烟台果品中心批发市场
山东粮食批发市场
济南包装市场
华东不锈钢中心批发市场
无锡粮油中心批发市场
江苏国际机电产品交易城
浙江商品中心批发市场
宁波物资交易市场
秦皇岛农副产品批发市场
广东食品中心批发市场
深圳保真名牌商品中心批发市场
南方有色金属交易市场
中国秦皇岛煤炭交易市场
大连汽车交易市场
成都肉类产品中心批发市场
成都生产资料交易区
重庆钢材中心批发市场
铜陵铜商品中心批发市场
华中商品中心批发市场
三峡果品中心批发市场
烟台中国纸张纸浆批发交易市场
胶东水产品批发市场
山东淄博建材批发市场
金三角建筑装饰装潢材料中心批发市场
中华羊毛交易市场
常州市摩托车交易市场
舟山水产品中心批发市场
石家庄汽车中心批发市场
广东农产品中心批发市场
广东玩具中心批发市场
深圳钟表配套中心批发市场
深圳布吉农副产品批发市场

淄博光力士玻璃纖維股份有限公司

公司總經理:李學軍

公司系中國玻璃纖維工業協會理事單位、山東省復合材料學會理事單位,是山東省同行業規模最大的企業,公司下設復合材料廠、復合材料研究所、貴金屬加工廠、廣力化工有限公司、東方玻璃纖維有限公司、農場等,配有一套完整的原材物料檢測中心和產品檢查品控系統,擁有固定資産6000萬元,職工1800人。

公司主要産品中,無碱玻璃纖維紡織紗、增强紗、短切紗、方格布、安全網布、玻璃纖維涂塑窗紗、釣漁杆基布和玻璃鋼制品廣泛應用于航空航天、電子、汽車制造、煤炭、建築和環境保護等高科技領域。幾年來,公司在不斷擴大規模的同時,加强技術改造,注重新産品開發,狠抓企業内部管理,完善産品内控標準,嚴格按照ISO9000組織生産,使企業科研、生産、經營體制走向科學化、規範化。

公司始終以優質的産品服務于各界朋友! 期待您的光臨,願我們合作愉快,事業騰飛!

公司産品

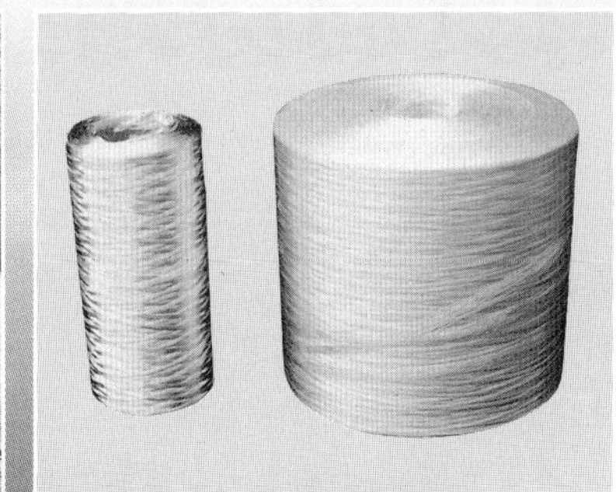

公司産品

地址:山東省淄博沂源城沂河路

電話:(0533)3241566　3242219　3240042

傳真:(0533)3240043　**郵編:**256100

公司總部外景

上海愛使股份有限公司

上海愛使股份有限公司創辦于1984年，是上海市第一批發行股票和上市交易的股份公司之一。經過十余年的發展，公司的經營活動已經拓展到第二、第三產業的眾多領域－機電、金屬、化工、建築裝潢、科技工程、客運服務、船舶修理、金銀飾品、餐飲、房地產業；主營活動逐步向資產經營、投資經營發展；公司的資產規模由30萬元發展到至今的1.6億元。以第三產業為主、第二產業并重、實業經營和投資經營相結合的經營格局基本形成。

地址：上海市北京東路131號
電話：63296220　郵編：200002

上海黃浦房地產股份有限公司

上海黃浦房地產股份有限公司成立于1992年12月2日，公司A股于1993年3月26日在上海證券交易所挂牌上市，現股本總額3.2億元人民幣，資產總值13億人民幣，爲國家一級資質城市綜合開發企業。公司成立以來，依托地理優勢、資金優勢和人才優勢，以準確的開發定位，靈活的經營手段，全力參與上海舊城區改造、浦東開發和外灘金融商務區的建設，業績卓然出衆。公司先后改造開發了市區黃金地段上12塊危舊房地塊，房産開發總量近100萬平方米。主力開發項目中"外灘京城"氣勢浩大，萬商雲集；座落于外灘金融區的"外灘國際商城"建築風格融古典與現代風格于一體，名聞遐邇；建築面積分別達10萬平方米和25萬平方米的浦東凌家弄小區和由由小區堪稱滬上企業改造舊區的大手筆。

公司以規模開發取得規模效益。1995年主營業收入達5億元，淨利潤超1億。"黃浦房産"股票始終躋身上海乃至全國的績優股行列。1995年公司被中國股份制企業評價中心評爲"中國上市公司百强企業"。

公司奉行"一業爲主，多元經營"的方針，下屬全資子公司七家，中外合資企業七家，以"追求卓越、超越自我"的信念，正朝着建成一流現代企業的目標而拓步發展。

山東新華工貿股份有限公司

公司總經理:王緒一

新華工貿隸屬于特大企業山東新華制藥廠,是山東省同行業首家股份制企業。公司塑造了現代、文明、開放、智慧的企業形象,奉行"六個一"的企業管理思想,即:建設一個好班子、理順一個好思路、創新一個好機制、完善一個好制度、塑造一個好形象、創造一個好效益;公司固定資產已達到6000萬元,產銷值和利潤分別逾8000萬元和800萬元,近幾年連續獲得山東省和淄博市"名星企業"等榮譽,總經理王緒一榮獲省優秀企業家、全國勞服系統先進工作者榮譽稱號。

公司所屬14個公司(工廠)和3個中外合資公司,主要從事科技、醫藥、化工、商業、貿易、建築、機械加工、車輛修理、化學清洗、防腐材料、礦泉水、酒類、高檔賓館等行業的生產與經營。主要產品有:葡萄糖酸鈣、中藥制劑、N-甲基乙酰胺、DBU、防垢劑及獲得國家發明專利及省優產品獎的ZB-2緩蝕劑,還有中藥制劑傷瘍速愈靈產品獲第八屆全國發明博覽會和山東省第三屆發明博覽會特等發明獎。中外合資神來牌礦泉水,連獲95全國名飲之花大獎、95山東市場最佳飲品獎和95消費者最喜歡產品獎三項殊榮。擁有三星級萬博大酒店。今年公司兼并南定制藥廠,擴建中藥分廠,投資建設一個大的化工廠,與美國合資生產新型蕾絲隱形眼鏡。

地址:山東淄博張店區新華街31號
電話:(0533)2282023　2184223-2345
傳真:2183943　**郵編:**255005

深圳市懷信投資資訊有限公司

深圳市懷信投資資訊有限公司爲《證券時報》社和珠海經濟特區富華投資公司合資興辦的有限責任公司,成立于1996年4月,注册資金人民幣800萬元。公司的經營範圍是各類經濟信息,主要業務以金融、證券類信息咨詢爲主。公司信息采集渠道廣闊,目前《證券時報》本部及各大城市遍布記者不時爲公司提供上市公司即時信息,目前公司已建立了一套完整的深滬兩地上市公司招股説明書、上市公告書、歷年年度報告、各類公告文本資料庫,可供各類投資者查詢。

公司近期開展的業務主要有傳真、電話服務、168信箱、上市公司95年終期業績、96年中期業績數據資料軟盤。公司現每日推出《懷信傳真》,内容包括每日證券市場動態,影響股市的重大新聞和消息,并定期推出市場熱點有關統計資料。公司擁有先進的通訊設備,具有最新軟件技術分析系統和證券專業人士組成的專家評論系統。目前公司信息已傳遞深圳、上海、北京、沈陽、海口等各大城市。

地址:深圳市福田區彩田南路中深花園大廈2206
電話:(0755)3398072　3398075
郵編:518026

上海信息產業有限公司

地址:上海市浦東新區福山路 380 號　郵編:200122
電話:(021)58318010　傳真:(021)58308099

上海信息產業有限公司是由原上海市圖像數據通信公司和上海市信息中心籌建處合并,于 1995 年初成立的,是上海市郵電管理局直接領導下的專業經營圖像通信、數據通信、信息服務等電信增值業務的高科技通信企業。公司已先后建成了覆蓋全市的高速數字數據通信網、本地分組交換通信網、全國最大的有綫電視光纖傳輸網、無綫數據通信試驗網、ATM 試驗網和上海公衆信息網。這幾年,公司將優先發展數據通信列爲公司發展戰略投入了巨額資金,對數據通信網進行擴容,以實現"數據連全市"的目標,并正在向實現數據即要即通這一新的目標努力。目前數據網已擁有 350 個節點,2000 多個用户,主要服務對象是上海各大銀行,如中行、建行、工行、人行和農行等,還有證券交易所、各大證券公司、金屬交易所、商品交易所等,爲上海金融業和證券業的發展提供了可靠、便捷的數據傳輸通道。公司以發展跨世紀的業務,培養跨世紀的人才爲已任,憑借先進的通信網絡和上海郵電全方位的支撑,爲社會各界提供優質通信服務。

海南省農墾金環實業橡膠公司

法人代表:馮學桂
地址:海口市海秀大道 64 號
電話:6798673　6723100　6718745
傳真:6713565

工作人員認真處理業務

法人代表:馮學桂

海南農墾金環實業橡膠公司系海南省農墾局下屬企業。本着"解放思想,更新觀念,拓展市場,顧客至上,信譽第一"的企業宗旨。1989 年以來連續三次獲得海口市工商局每兩年度評選的"重合同,守信用單位"榮譽稱號。公司主要經營範圍為橡膠及制品、編織袋、化工原料、金屬材料等。

第五编

中国基金市场

176/186

合肥會計師事務所

主任:曾希魯

合肥會計師事務所于1984年7月經安徽省財政廳批準成立,并經工商行政管理部門核準登記,具有法人資格。實行主任負責制,設置國內業務部(包括股份制業務)、涉外業務部、資產評估部、資金驗證部及綜合事務部(包括專業培訓)等六個業務部門。現有從業人員35名。其中:注冊會計師24名,高級會計師15名。此外,特約聘請各類專業中、高級技術人員6名。

1992年,本所經安徽省資產評估資格審查委員會審查通過,授予《資產評估資格證書》,取得境內資產評估執業資格;1993年經財政部和中國證券監督管理委員會批準,本所有曾希魯等十一名注冊會計師取得從事證券業務資格。

業務範圍

1. 查帳驗證:審查企業會計報表;承辦股份制企業及證券上市公司的業績審計,辦理合并、分立、清算事宜中的審計;驗證企業資本;參與調解經濟糾紛。協助鑒别經濟案件證據以及法律、行政法規規定的其他審計業務。

2. 資產評估:承辦境內企業因資產拍賣、轉讓、兼并、出售、聯營、股份經營;中外合資、合作經營;企業清算以及資產抵押、擔保、租賃等資產評估業務。

3. 會計咨詢:受委托設計財務會計制度、核算辦法;受聘擔任常年會計顧問;提供有關財務、會計、稅務及經營管理咨詢。

4. 專業培訓:為企事業單位提供財務、會計、稅務等方面的專業培訓。

地址:合肥市壽春路117號西側向陽五巷内

電話:(0551)2645458　2645468

聯系人:呂勇軍　程鳳琴　童正芳

郵編:230001

山東中魯會計師事務所

薈華齊魯英才　創建一流服務

法人代表：戴啟發所長

事務所副所長在研討工作

經財政部及山東省財政廳批準，財政部駐山東省財政監察專員辦事處發起，成立山東中魯會計師事務所。山東中魯會計師事務所是獨立核算、自收自支、自負盈虧、依法納稅的有限責任法人，下設資金驗證部、資產評估部、財務審計部、建設工程審計部、涉外業務部、綜合部。服務宗旨為：公正、客觀、廉潔、高效、信譽、優質。

業務範圍：查帳驗證業務：審計業務、項目評估、建審驗證、驗資、協助鑒別經濟案件、企業破產、解散清算事項等。會計咨詢業務：設計財務會計制度、擔任會計顧問、代理納稅申報、培訓財會人員、投資項目評估、提供財務會計、稅務和經濟管理咨詢等。

地址：濟南市經七路 73 號

電話：0531－6907148

郵編：250001

第六编

中国产权市场

194/196

中国产权市场

中国产权市场

【概况】 1995年，建立现代企业制度在全国范围内大力推进，18个优化资本结构试点城市的试点工作全面铺开，以及"抓大放小"政策的贯彻执行，使产权流动和重组逐步升温。产权流动和重组主要采取了两种形式，包括有偿转让和无偿调配。一般情况下，在不同所有制、不同投资者或不同产权管理主体之间的产权变动，采用有偿转让的方式，即所谓的产权交易；在同一产权管理主体之下，可以进行内部调配、重新组合，以无偿调配的形式为主实现流动。产权有偿转让（产权交易）形式主要有企业兼并、合并、出售、收购、拍卖、股权转让等。此外，企业托管悄然兴起，成为探索国有企业产权制度改革的新形式。其最大特点是不改变委托人对托管资产的所有权，仅将其经营权交给委托人（法人）管理，以确保被托管资产的保值增值，一些地方还实行了托管与兼并、产权转让挂钩的探索，并取得了一些成功的经验。到1995年底，18个优化资本结构试点城市已经和正在进入破产的企业有161家。1995年各地中小企业产权交易和重组活跃，其中向企业职工出售产权的做法比较典型，如广东顺德、山东诸城、黑龙江宾县、四川宜宾。

产权交易机构　全国各地产权交易机构200多家，但大多数产权交易机构仍处在有场无市的状态。1995年新成立的产权交易机构有：大连产权交易所、兰州产权交易中心、唐山产权交易市场、厦门产权交易中心。从全国来看，比较有影响的产权交易机构有：上海城乡产权交易所、成都产权交易中心、广州产权交易服务中心、深圳产权交易所。

【国有资产管理】 1995年各级国有资产管理部门先后进行了国有企业资本负债结构调查、国有资产流失调查、国有企业经营状况调查、中外合资企业国有资产管理情况调查、国有资产经营公司调查、境外中资企业国有资产管理情况调查、县级国有企业产权制度改革情况调查、国有经济结构调整情况调查以及股份制企业国有股权管理调查等，提出了应采取的重大措施及政策建议。国家国有资产管理部门召开了第一次全国产权转让监管会议，发布了配套规章、制度。并积极开展产权界定和产权纠纷调查工作，调查省级以上的产权纠纷90件，结案35件。全国清产核资工作的主体任务基本完成。全国83万户行政事业单位财产清查任务已经完成。经过资产清查、价值重估、产权界定、土地估价和资金核实，全国36个地区、112个中央部门和单位，总计30.5万户国有企业以及2.4万户县以上金融企业资产基本摸清，并建立了国有企业土地估价管理制度，将国有土地的使用权作为国有净资产，纳入所有者权益进行管理。还制定了国有资产保值增值的指标体系和考核办法，会同国家财政部对58个部门（包括总公司、集团）所属企业保值增值总体申报方案进行了审核批复，在剔除因清产核资等政策性因素影响、政策性亏损减值因素、价格因素和外部注入资产后，核定了企业靠自身积累的国有资产保值增值率。

【资产评估】 至1995年国家国有资产管理部门授予资产评估资格的社会中介机构共2893家，其中临时资格的评估机构1187家，获得正式资格的评估机构1706家，在已获得正式资格的评估机构中具有从事证券业务资产评估资格的115家。在评估机构中直接从事资产评估业务的人员47351人，其中会计经济类人员26560人，工程技术类人员18634人，其他人员2157人。1995年批准国有资产评估立项34733项，审核确认评估项目30418项，确认资产的原帐面净值为4295.4亿元，评估价值为6449.95亿元，评估价值高于原帐面净值2154.91亿元，平均增值率为50.17%。在资产评估项目分类比较方面，举办外商投资企业投资和国有企业改制所占比重大，其中前者评估价值为1469亿元，后者评估价值为1819亿元，两者合计占总评估价值44.4%。

【法制建设】 在产权交易和重组的发展过程中，国家有关部门颁布实施《破产法》、《国有资产评估管理办法》、《全民所有制工业企业转换经营机制条例》、《国有企业财产监督管理条例》、《公司法》、《注册资产评估师执业资格制度暂行规定》、《关于监督机构对国有企业派出监事会工作的规范意见》、《行政事业单位国有资产管理办法》、《行政事业单位国有资产产权登记实施办法》、《事业单位非经营性资产转经营性资产管理实施办法》、《行政事业单位国有资产处置管理实施办法》等法律法规。国家国有资产管理部门并会同有关部门完成了20个国有企业监事会的组建工作，同时规范了资产评估机构的执业管理，加强了对行政事业单位的国有资产管理工作的规范化和法制化。

（段彤）

产权交易机构

上海城乡产权交易所

【概况】 交易所经上海市政府批准于1994年4月20日组建，对上海市城乡集体企业产权交易实施运作。1996年3月25日，上海市委、市政府决定成立上海市产权交易管理办公室，并重新组建产权交易所，充实国有产权交易内容。交易所是依法设立的非盈利性的事业法人，职级为相当于副局(厅)级，交易所实行会员制，会员分一级、二级、三级三类，其中一、二级会员有权使用交易所席位，派遣交易员进场从事产权交易；三级会员有权向信息需求者提供有关产权交易的信息服务。现有会员67家，其中一、二级会员54家，包括一批由市国资委授权经营的控股集团公司。交易所实行理事会领导下的总裁负责制。理事会是交易所日常经营管理权力执行机构，由上海市产权交易管理办公室、政府有关部门、有关专家、有关会员单位和交易所各方委派的代表组成，总裁为理事会当然理事。交易所设监事会和专家顾问委员会，交易所内部暂设信息部、交易部、结算部、法律部、海外部、办公室、产权研究中心等职能部门，交易所注册资本3000万元人民币，总裁：张海龙。

【业务范围】 交易所经营范围：非公司制企业出资人的整体产权或部分产权(含有形资产产权、无形资产产权和财产使用权等)转让；有限责任公司和非上市股份公司的股权转让；依法批准的其他产权交易。同时提供相关的经济、政策、法律、企划、咨询、评估等其他配套服务，代办招商、租赁、托管经营等业务。产权交易形式为：协议转让；竞价拍卖；招标转让及上海市产权交易管理办公室批准的其他方式。产权交易程序依次为：申请登记、挂牌上市、查询洽谈、成交签约、结算交割、变更登记。产权交易经交易所鉴证生效后，上海市国资、银行、税务、财政、外资、房地、劳动、社保、工商、公安等管理部门凭交易所出具的产权转让凭证和产权转让合同，为交易双方办理变更权证的有关手续。

交易所与会员单位及全国大中城市的产权交易市场实行信息联网，为企业产权收购兼并实施信息配对和多种转让方式的系列配套服务，与国际产权交易相衔接。交易所的计算机系统采用高性能微机，组成广域网与局域网相结合的现代化信息网络体系。至1995年止，交易所先后发布了17个企业产权出让、收购公告，推出上市企业产权1805家，涉及资产总额126.26亿元，鉴证成交的企业产权510家，成交总额13.2亿元。

福建省产权交易中心

【概况】 交易中心是经福建省人民政府批准不以营利为目的的具有事业法人资格的产权交易场所，成立于1995年7月12日。中心实行管委会领导下的总裁负责制，下设产权交易部、业务拓展部、电脑信息部、资产评估管理部、财务部、办公室等机构。中心总裁：郭亨心。

【业务范围】 中心主要提供信息、交易中介服务等服务项目，业务范围包括：法律允许上市的各种产权，即行政事业单位和企业委托的不动产及单台件资产租赁、信托及转让业务；国有资产管理部门委托办理的国有企业及企业产权、土地、矿产等国有资源性资产的转让，无形资产及其他产权转让业务；各类罚没物品、无主货物及其他有关资产的拍卖；经批准发行的有价权证的托管、转让、过户和股息、红利的代理派发；各类产权转让信息、证券投资信息的咨询及其他服务。中心首批会员15家。

广东产权交易中心

【概况】 广东产权交易中心是根据广东省政府决定，由广东省体改委、广东省国资局牵头，广东粤财信托投资公司、广东物资集团公司、广东省经济体制改革研究会、广东粤财物业发展公司共同发起组建、经广东省工商行政管理局注册登记、具有独立法人资格的省级产权交易机构，是广东省各类产权交易的合法场所。中心实行会员制，中心会员分为公司会员、特别会员和信息会员。凡在中心进行交易的所有产权，都必须由中心的会员按规定的交易程序和交易方式进行。中心内部机构设置有交易部、发展部、信息部、清算部、拍卖部、评估部和办公室。交易中心总经理：廖达深。

【业务范围】 中心办理各类产权交易业务及与产权交易相关的资产评估、托管、拍卖、信息咨询和产权交易经纪人培训等。中心拥有经济、法律、财务、证券、工程技术、计算机等各类专业人才，配置先进的计算机和通讯设备，并开通与全国产权交易信息网络，正式成为全国企业产权转让信息网第一批试点单位成员。通过广东产权交易中心进行产权交易，规范合法，成功率高，是社会各界了解产权信息、公关推介、联络交流、实施交易的理想场所。

南通产权交易所

【概况】 交易所是经南通市政府批准，由南通市财政局、南通市国有资产管理局组建的全民事业单位，成立于1994年4月18日，下设所长室、交易厅、交易部、闲置资产调剂部、法律部、清算部、办公室、财务部等部门，并组建了南通市产权交易信息网，创办了《产权市场》月刊。交易所法定代表人：蔡新义。

【业务范围】 交易所主要业务是组织各类产权交易活动，受理企业的产(股)权转让、兼并、出售、拍卖、联营、承包、租赁、改制、破产、资产的出让或受让、闲置资产调剂等业务，提供交易成交、签约鉴证、清算交割、股权抵押登记、信息咨询等服务。代理产权界定、产权登记、资产评估、审计验资、证券发行交易托管等业务。

浙江金华产权交易所

【概况】 交易所创建于1995年，由金华市体改委、金华金信集团、金华光大集团等单位组建的股份制服务性企业，注册资金1000万元。交易所董事长：严振南，总经理：吴雄伟，常务经理：沈阳。

【业务范围】 交易所主要业务包括办理产权交易和权证交易、代理招商、投标、招标，提供资产评估有关服务。成功地开展了浙江康恩贝转换房产产权交易，拍卖金华市味精厂，转让了金华市灯具厂、金华市床单总厂、金华市鞋业公司等破产企业资产，推荐浙江一新制药、金华国际大酒店等企业的股权到浙江省股权交易中心进行交易。

海南经济特区产权交易中心

【概况】 交易中心成立于1994年4月8日，是经海南省证券委员会批准、海南省工商行政管理局注册登记的产权交易机构。中心以有限公司形式设立，实行会员制。中心总经理：燕翔。

【业务范围】 主要业务范围包括：提供产权市场信息及产权交易有关法规、政策及经济咨询，开展交易中介服务工作，代找买方卖方，协助撮合成交；组织拍卖、投标招标、破产清算等事宜；充当企业理财及融资顾问，策划并实施企业并购、境内外上市、增资扩股；协助企业进行股份制改造及设立股份公司运作；帮助进行企业诊断，提供企业形象策划服务；从事项目可行性研究论证，创新设计新方法新手段，组织国内外招商引资，提供项目融资服务；代理企业资产评估、产权过户、法律公证等业务。交易中心促成了5宗企业整体产权转让，承担了成片开发的项目顾问，策划实施了俱乐部会员证方案。

哈尔滨产权交易所

【概况】 交易所是经哈尔滨市政府批准，于1988年在原哈尔滨市企业经营权产权转让服务中心的基础上组建成立的非盈利性事业法人，是哈尔滨市从事产权交易唯一的法定场所。交易所实行会员制自律性管理，下属单位有万通典当拍卖行和万达资产评估事务所，注册资金1000万元人民币。

【业务范围】 交易所主要负责为区域内及跨地区集中和有组织的产权交易提供场所和设施，并依法对产权交易市场履行监管职责。交易所主要办理企业整体或部分产权的转让、拍卖、兼并、收购、非上市股份制公司国家股、法人股股权转让，从事委托（托管）经营、承包、租赁等企业经营权转让业务。

厦门产权交易中心

【概况】 产权交易中心是由厦门市政府出资兴办，成立于1995年1月8日。交易中心采取会员制，实行理事会领导下的总经理负责制，下设总经理办公室、财务部、交易部、结算部、发展研究部、海外部、信息部、电脑部等职能部门，其中交易部主要负责具体的交易鉴证、会员管理等，发展研究部负责为企业的并购活动提供策划、包装、指导，并研究开发新的业务品种，海外部主要负责与海外相关机构建立业务联系及拓展海外市场。交易中心理事长：郑家麟，总经理：谢群。

【业务范围】 交易中心的主要职能是为企业的产权转让和重组提供一个公开、公正、集中、规范的交易场所。主要业务范围包括为国有、集体以及其他各种经济成份的企业的整体或部分转让提供交易鉴证服务，为企业的产权转让和重组提供策划、咨询服务，以及与产权交易配套的其他服务。交易中心的会员分为经纪会员、公司会员、信息会员，业务流程包括申请、登记、洽谈、选择交易方式、签约成交、结算交割等。交易中心加入了全国性的资产流动信息网和国际信息互联网。

深圳市产权交易所

【概况】 深圳市产权交易所成立于1993年2月，是深圳市政府批准从事企事业单位产权、股权交易的合法中介机构，聚集了一批法律、经济管理、金融财会和工程等专业人才，遵循依法、公平、公正的原则，交易所实行系统管理、电脑服务，广泛收集和发布信息、存档立户、网络协作。交易所于1993年5月和1994年3月先后两次主持召开了全国性企业产权转让与兼并交流会和全国企业产权交易信息网第五次年会。

【业务范围】 主要业务包括非上市公司的股权交易：为国内外各类非上市公司办理企业整体产权和部分股权的交易。为客户提供中介服务，协助客户在产权出让形式（如协议出让、招标、拍卖）、产权购买形式（如出资购买、承担债务、吸收股份）、产权交割等诸多方面作出决策。公司收购和兼并：为国内外企业在公司收购和兼并方面提供信息、可行性研究、方案设计、合同拟定、代理等全方位的服务。资产评估：交易所具备国有资产评估资格，可为各类企业提供资产评估服务。咨询服务：为客户提供投资、法律法规、产权股权转让程序、企业产权管理等方面的咨询服务。代理业务：可为客户提供代办公证、代办工商注册登记、变更、注销、验资、代办税务登记等配套服务。交易所从成立到1995年9月，共计完成产权交易400多宗，总成交量为13亿元。1995年全年共完成178宗企业的产权交易，交易额达6亿元。

产权交易机构名录

上海市城乡产权交易所
金华产权交易中心
广东产权交易中心
南通产权交易所
武汉市产权交易中心
湖南省产权交易中心
杭州市产权交易所
沈阳市产权交易中心
福建省产权交易中心
厦门产权交易中心
浙江产权评估交易所
江西省产权产易中心
南宁市产权交易中心
石家庄产权交易所
天津产权交易中心
成都产权交易中心